映画論叢 ⑯⑥

超大篇色■完全立体音響

アンホルム・エリオット/ポール・ルーカス
ピーター・ロー レ/ベヴァリー・ベントレイ
ダイアナ・ドース 監督ジャック・カーディフ

スペインを提昭ノ壮大さとスリルを通して楽しき一〇〇分！

松竹が贈る
シネラマ
第3弾！

ペインの休日

HOLIDAY IN SPAIN
TECHNICOLOR

同時公開中

CINERAMA

必見のシネラマ短篇！

美しいスイスを舞いアクションでご案内！総天然色・完全ステレオ音響

平和の砦
"FORTRESS OF PEACE"

松竹
会館 松竹セントラル

地下鉄東銀座駅前 TEL（541）2714

国書刊行会

映画論叢㊿⑥ もくじ

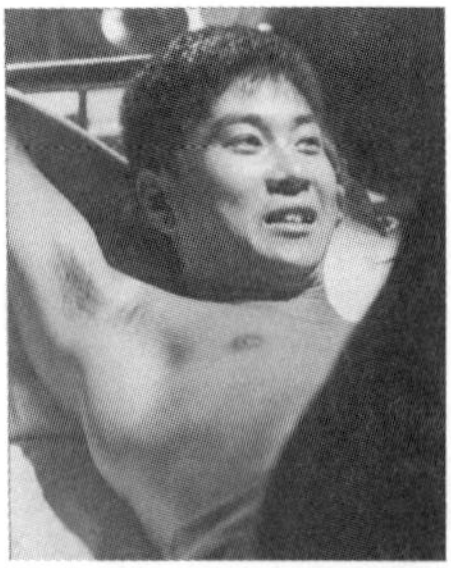

デビュー当時の石原裕次郎（鈴木義昭『石原裕次郎物語』近代映画社より）

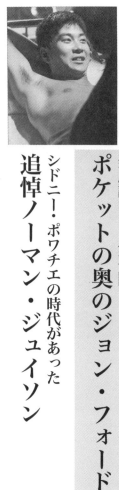

演題に合わせてコスプレするバートン・ホームズ

『荒鷲の翼』の〝二人フォード〟

表紙写真：日本テレビのドラマ『冬物語』の打ち上げで香港・マカオ旅行へ。浅丘ルリ子の後ろに堀井健一（昭和47年、春）

扉写真：（右）『荒野の女たち』のアン・バンクロフト
（左）『スペインの休日』 新聞広告（朝日新聞 1966年6月9日）（夕刊）

シドニー・ポワチエの時代があった

追悼ノーマン・ジュイソン

瀬戸川宗太

今年一月二〇日、ロサンゼルスの自宅でノーマン・ジュイソン監督が亡くなった。享年九〇。同監督が若くして活躍した一九六〇年代〜七〇年代は、アメリカ映画が大きく変貌した時期にあたる。一九六七年にアメリカン・ニューシネマの先駆的作品、アーサー・ペン監督の『俺たちに明日はない』がヒットし、その二年後、デニス・ホッパー監督の『イージー・ライダー』が話題となった。新しい映画の波がハリウッドを席巻していたわけである。

折しもベトナム反戦集会やデモが世界的に高揚し、アメリカでは黒人公民権運動やウーマンリブ運動に象徴されるカウンターカルチャーが時代の潮流となっていた。

80年代の
ノーマン・ジュイソン

それゆえ、ノーマン・ジュイソン監督の代表作といえば、往年の映画ファンなら、躊躇なく黒人スター、シドニー・ポワチエ主演の『夜の大捜査線』（六七）を挙げるはずだ。

今回わが国の大手マスコミが、『屋根の上のバイオリン弾き』（七一）と『月の輝く夜に』（八七）を代表作に選んでいたのは、当時を知らない者の作品セレクトといううほかはない。多分アカデミー賞等の映画賞受賞に惑わされたか、ウィキペディアを孫引きしたせいであろう。

それならば、スティーブ・マックーンの名を世に広めるきっかけとなった『シンシナティ・キッド』（六五）や『華麗なる賭け』（六八）を挙げた方が遥かに説得力に富む。

近年、映画関係者死去のたびに繰り返される、わが国大手マスコミの的外れな訃報記事は、事情に通じた多くの映画ファンに笑われるだけである。そこで、同監督の初期フィルモグラフィーを振り返りながら、私なりに作品と人物紹介をしておこう。

デビュー作『四〇ポンドのトラブル』(六二)『花は贈らないで』(六四)は、全てコメディだが、これら初期作品に演出家としての優れた才能が早くも表れている点に注目したい。中でもドリス・デイとロック・ハドソン共演の『花は贈らないで』は、ブロードウェイのヒット脚本を基にしているため、いかにも舞台劇らしく、ドラマ構成がきっちりと仕上げられていた。加えて、出演者の個性やセンスが生かされているので、小粒ながらよくまとまっている。

この頃、数多く制作されたドリス・デイのロマンチックコメディの監督は、マイケル・ゴードンのような一世代前のベテランだった。やや下の世代でもデルバート・マンやリチャード・クワインだから、ノーマン・ジュイソンは、明らかに若手というべきだが、既にベテランに負けない貫禄ある演出力を披露しているのに驚かされる。

同監督を語る際、どうしても新しい映像感覚の方に目が向いてしまうが、実は若くしてベテラン並みの手腕をもっていたことが、アメリカン・ニューシネマの時代にも、本領を発揮できた本当の理由ではないか。

『夜の大捜査線』の基になった小説『夜の熱気の中で』の題名が示すごとく、むせ返るような南部の暑さを感じさせる映像が、犯人を追う黒人刑事の執念を一層ヒートアップさせていく。事件の起きた舞台がドラマ展開と巧みに結びついているのが秀逸。従来のオーソドックスな犯罪映画とは異なる、新感覚で撮影された映像美が深く印象に残った。物語は一見原作に忠実につくられているようだが、黒人刑事と綿花農園主が対峙するくだりや、クライマックスに出てくる犯人逮捕をめぐるサスペンスシーン等は原作になく、映画独自のものである。

また社会問題を取り上げた作品は、とかく背景にある社会情勢と結びつけられがちだが、映画作家の持つ経歴や才覚という面から分析するのを忘れてはならない。ノーマン・ジュイソンがしばしば人種や民族間で起きる偏見や違和感を題材としたのは、彼自身がカナダ人として、アメリカで仕事中差別された体験があるからで、同問題意識が、丁度公民権運動が高揚した時代の社会風潮とうまくマッチしたといえよう。さらには、既に人種差別をテーマとした映画『復讐鬼』(未・五〇)『暴力教室』(五五)

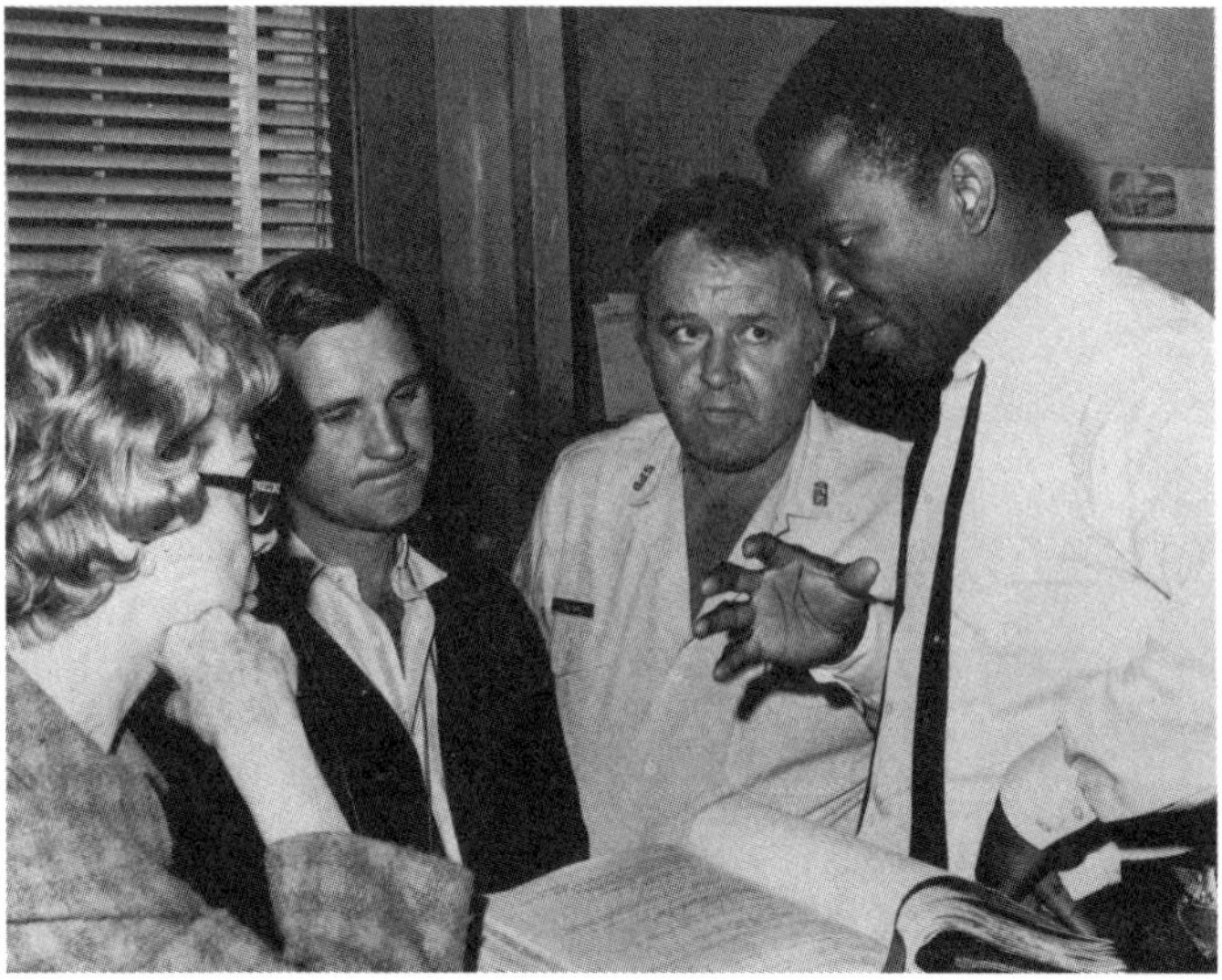

『夜の大捜査線』演出中のノーマン・ジュイソン（左から２人目）

『手錠のまゝの脱獄』（五八）で重要な役を演じた黒人俳優シドニー・ポワチエを主役に抜擢したおかげで、同ジャンルの代表作となった。

とはいえ、昨今のハリウッド映画は、シドニー・ポワチエ等、社会派映画の先人達が築いてきた成果を台無しにしてしまった感が強い。背景にオバマ大統領時代に広まったポリティカル・コレクトネス（差別的表現や認識を改めていく運動）が大きな影響を与えている。極端な人権主義が社会の対立を煽り、アメリカ合衆国を分裂させた。黒人奴隷制度を擁護したという理屈で、南軍リー将軍の銅像を撤去したのはその典型だが、同じ流れは、やがて奴隷制を認めていたワシントン初代大統領の銅像撤去にまでいきつくだろう。

近年のハリウッド映画がつまらなくなったのは、何もチャイナマネーの力による作品内容の忖度や変更だけではない。中国共産党によるハリウッドへの浸透工作は、既に民主党系雑誌「ニューズウィーク」が特集記事を掲載し、詳述しているので有名だが、報じた側の民主党自身が、ハリウッドに人種やＬＧＢＴＱの差別問題を無理やり持ち込み、作品レベルを低下させている。

そんな時代だからこそ、ノーマン・ジュイソンの仕事は輝きを放つ。現在のハリウッドが制作する同ジャンル映画とは、比較にならないほどレベルが高い。この機会に、是非同監督作品を観返そうではないか。

（せとがわ・そうた）

《映画の見かた》の見かた㊽

ヤクザ映画の回顧と現状

重政隆文

以前、松方弘樹主演の『北陸代理戦争』（1977年、深作欣二監督）とそのモデルについて書いた伊藤彰彦『映画の奈落』（2014年5月、国書刊行会）を読んでいた。その後、『映画の奈落　完結編』（2016年4月、講談社、講談社α文庫）として改訂版が出された。その巻末に松方弘樹のインタビューが添えられている。松方のことを「時代劇、任侠映画、実録映画、時代劇大作、Vシネマの時代を駆け抜けた」（『映画の奈落　完結編』399頁）と形容している。

そこで伊藤彰彦『無冠の男　松方弘樹伝』（2017年2月、講談社）も読んでみた。気になったのはインタビューをする相手への忖度である。

本全体のゲラが出来た時、脳腫瘍の疑いで松方は入院中だった。当時のパートナーの助けにより、病室において口述筆記でゲラのチェックをしてもらい戻してもらう。その時、伊藤は「本人によるゲラのチェックができなければ、当然ながら本は出せない」（5頁）と書いている。

二つ目は松方の高倉健批判だ。ある種の神格化が進んでいるので、高倉を悪く言う文章はあまり目にしない。それを聞いた伊藤は「書いてもかまいませんか？」（117頁）と恐る恐る訊く。松方は日頃から言っていることなので書いてもいいと伊藤に言う。取材相手本人から許可を得たのでこの本に残されている。

同じく「書かせてもらっていいですか？」（162頁）と訊いたのは、実弾発射の件についてだ。『北陸代理戦争』の映画内で、免許を持っている松方は所有していた本物のライフルを実際に使って撃った。それをフィルムに収めている。松方は時効だからいいでしょう、とこれも書いていいと許可する。

逆に考えると、それぞれ松方の許可がなければ日の目を見なかった可能性がある。当事者は、自分に都合の悪いこと、悪印象を与えることをインタビューの際には喋っても、活字になるとやはり載せないでくれ、と言いがちである。相手の嫌がることを載せない方針だと、そのインタビューはどんどんつまらないものになってしまうだろう。

インタビュー構成で作り上げる本にはいつもこのジレンマがある。相手の都合に合わせるとつまらなくなり、相手の嫌がることを書くと発表できなくなる。その折り合いをどこで決めるかの問題である。下手をすると、インタビューする時点から忖度が働いて、嫌がることは最初から訊かないという姿勢になるかもしれない。そのようなお愛想本もいろいろ出ている。しかし、それでは面白いものにはならない。構成者が話を盛ってはいけないが、公表されている事実を未公表の事実と重ね合わせて、インタビューの中身の質を上げなければいけない。

伊藤彰彦／塚田泉編の関本郁夫『映

画監督放浪記』（２０２３年６月、小学館スクウェア）の成り立ちに関しては『映画論叢』（65号、国書刊行会）に、「編集協力」した谷川景一郎が詳しく書いている。それを信ずるなら、関本の原稿を出版できるようにまとめたのは谷川であり、伊藤は出版の手続きと序文を担当しただけだ。谷川も含めて三者で話したりもしているようだが、原稿をまとめたのは谷川である。この経緯に関しては『映画監督放浪記』のどこにも書かれていない。

関本監督自身はあとがきで「まとめてくれたのは伊藤氏と塚田氏」（５０７頁）と書いている。一方、谷川は２０１９年末に「続稿は関本による書き下ろしとなり、一気呵成に書き上げたものを、同じく一気に清書した」、２０２０年の「七月末に関本が書く最終稿が届き、八月三日には浄書が終わった」と書いている。関本はパソコンが使えず、手書きの原稿だったのだ。手書き原稿をデータ化するのには相当な労力を要する。

もう一人の編者・塚田泉が何をしたのかは分からない。谷川ほどの働きはしていないように思える。手柄を横取りされた谷川の無念は理解できる。しかし、関本はともかく、伊藤の言い分も聞いてみたい。

実のところ、私は『映画監督放浪記』を興奮して読んだ。しかし、時々、既視感に襲われた。同じく発刊当時に興奮して読んだ関本郁夫『映画人烈伝』（１９８０年12月、青心社）と重なる部分があるのに気づいたのだ。伊藤の序文にもそう書いていた。

読んでいて、やはりメジャーでは東映映画が最も面白いと確信するようになった。といっても、関本郁夫の作品が格別良かったというのではない。関本の描く東映内の環境やカツドウヤの姿が面白かったのだ。ただ、テレビに移ってからの関本の活動に私はほとんど興味がない。

伊藤の新刊『仁義なきヤクザ映画史』（２０２３年８月、文藝春秋）に次のような文章がある。

> 六〇年代半ば、東映の映画館では革靴を履いた客が少なく、下町の映画館ではほとんどの客がサンダルか下駄履きだった。零細企業で働き、組合にも守られない未組織労働者たち、高度経済成長の恩恵に与れないサラリーマンらが、悪辣な資本家たちを一刀両断に叩き斬る高倉の姿を見て溜飲を下げたのだ。（１０９頁）

何気なく書いているが、伊藤彰彦は１９６０年生まれである。60年代半ばなら小学生に上がるか幼稚園の園児だ。小学生で俗悪な東映映画のファンというのはありえるが、この文章の内容を伊藤が自らの目で見て書いていないのは明らかだ。当時、映画館に出入りしていた人がこのような発言をしていたのを伊藤が何かで読んだのかもしれない。しかしそれならその発言の根拠を示さないといけない。実際に映画館で観客に接していた従業員の発言なら信憑性があるが、ここでは伊藤がそう思いたいだけではないのか。

私は１９５２年生まれで、東映ヤクザ映画を見たのは後年のリバイバルである。主に大阪の新世界東映や日劇会館で見ている。同時代として見始めたのは実録路線半ばの『やくざの墓場　くちなしの花』（１９７６年、深作欣二監督）からだ。だから、同時代に見ていない任侠映画に関して無責任なことは書けない。実録路線の映画に関しては多少のことは言える。遅れて見た大阪の新世界の劇場での任侠映画の観客の動向についてなら分かる。しかし、それはそれらの作品の公開当時の反応とは違うと自覚している。

実録映画路線ブームの後の「極道の妻たち」シリーズに関しては同時代人として全作見てきた。主に梅田東映と道頓堀東映においてだ（共に閉館）。この二つの映画館は共に飲み屋街に隣接した映画館なので、しばしば映画の中の人物と、それを見に来ている観客とに親和性があることを実感した。あるいは本当に極道やその妻も見に来ているのではないかという雰囲気を感じた。

私は学生運動が終焉してから大学生になったので、当然ながら学生活動家が東映ヤクザ映画のオールナイトの上映に際して声を上げるのを目撃したことがない。当時のことを何人かの人が証言しているのは読んでいるが、全国的にそうなのかどうか、今でも疑っている。ごく限られた映画館での出来事が伝聞として伝わり、それがやがて誰もが経験した事実に仕立て上げられたのではないかと類推する。

> 深夜興行に集まった学生たちがスクリーンの高倉に向かって「異議なし！」「健さん，叩っ斬れ！」と叫び、場内が拍手喝采に包まれ、東大闘争渦中、六八年の駒場祭で、「とめてくれるなおっかさん　背中のいちょうが泣いている　男東大どこへ行く」という橋本治のポスターが注目された。（１１４頁）

橋本治のポスターは確実に事実として認められるが、スクリーンに向かっての活動家たちの叫びがあったと本当に信用していいのか。

一方で、取材した人の発言を基にした論は信用できる。

> 六四年に東映京都撮影所長に就任した岡田茂は、ふだん活字を読まない労働者にも理解できる映画を作ろうと、時制の混乱を招く回想シーンや耳に入りにくい二行以上の長ゼリフを禁じた。監督の野田幸男は映画のセットに英語で書かれたクラブの看板を掛けようとしたスタッフを「小学校しか出ていないお客さんにも分かるように日本語にしろ！」と怒鳴りつけた（助監督、藤澤勇夫の証言）。このように東映は徹底して庶民の目線で映画を作ろうとした。（１０７〜１０８頁）

もちろん、一事が万事ということはなかろうから、多くのヤクザ映画を検証して、実際に回想シーンがないか、長台詞がないかは確認しないといけない。岡田が所長就任に至るまでに戦後20年近く経っている。「小学校しか出ていないお客さん」が東映の映画を観に来た観客のどれほどの比率でいたのかも検証が必要だろう。

伊藤彰彦の『仁義なきヤクザ映画史』というタイトルを見ると、東映のヤクザ映画が中心かと思われるが、それが出てくるのはこの本の三分の一を越えてからだ。また任俠映画、実録映画を網羅しているかというと、そうでもない。『映画の奈落』を書く時に本物のヤクザにインタビューしたことから、ヤクザ映画の枠をしばしば逸脱して、ヤクザの抗争や歴史、人物などの方により興味があるような書き方をしている。

それなら、この本の少し後に出た山平重樹の『東映任俠映画とその時代』（２０２３年12月、清談社）の方が格上で、ヤクザ世界の記述に関しては一枚上手だ。山平はヤクザの方からアプローチし映画に至り、伊藤はヤクザ映画からヤクザの方に研究を進めているように読める。

伊藤は最初の本『映画の奈落』に特に思い入れが強いのか、『無冠の男 松方弘樹伝』においても詳しく取り上げ、『仁義なきヤクザ映画史』でも思い入れたっぷりに書く。

> 私は「北陸代理戦争事件」の真相を解き明かす書物を書かねばならないとすでに思い定めていた。これまでも映画人に取材した実録ヤクザ映画の本はあるにはあった。しかし、映画人とヤクザの双方にともに聞き書きしたものはなく、映画の影響を受けて親分を殺されたヤクザが、その映画のことをどう思っているのか聞き出すことができれば、実録ヤクザ映画の真髄に迫れると思ったからだ。（２１８頁）

私は「実録ヤクザ映画の真髄」などという表現を目にすると、ハッタリめいていると感じ警戒する。小学校を出ただけの観客にも分かる映画を目指したはずの東映の映画に「真髄」などといったものを見つけ出せるのだろうか。

ヤクザ映画、実録ヤクザ映画も現在のところほぼ息の根が止まっているが、平成から令和に移る頃、続けてヤクザ映画と呼べるものが連続して公開された。『ヤクザと憲法』（２０１５年、土方宏史監督）、『孤狼の血』二部作（２０１８年、２０２１年、白石和彌監督）、『ヤクザと家族 Ｔｈｅ Ｆａｍｉｌｙ』（２０２１年、藤井道人監督）、『すばらしき世界』（２０２１年、西川美和監督）である。昔の東映ヤクザ映画とは違った感覚で、どれも面白く見た。

時代が移り変わったので、もう昔の東映ヤクザ映画のようには撮れない。観客の様相が変わってしまったのだ。『仁義なきヤクザ映画史』の冒頭でそのあたりについて書いた伊藤の文章は、私とは受け止め方は違うが面白く読めた。

（しげまさ・たかふみ）

楽屋話など　第七回
ポケットの奥のジョン・フォード

猪股徳樹

『荒野の女たち』にまつわる、すべらない話

女医カートライト（アン・バンクロフト）は自分の命と引き換えに、他のスタッフたちの命を守ろうとした。「何故彼女はそこまでしたのか。命の大判振る舞いではないか」と、或る記者がフォード監督に尋ねた。フォード曰く「医者とは高潔で気高く、正しさを守り通す職業なのだ」と、答えた様に記憶している。フォードの作品にはよく医者が登場する。高潔で気高い医者。ほどほど高潔な医者。とても普通の医者。フォードの世界では、朝から酒を飲む医者もいるが、これはまた別の話。

『人類の戦士』『ドクター・ブル』『虎鮫島脱出』『ハリケーン』『駅馬車』『モホークの太鼓』『逃亡者』『アパッチ砦』『黄色いリボン』『リオ・グランデの砦』『太陽は光り輝く』『長い灰色の線』『ミスタア・ロバーツ』『最後の歓呼』『荒鷲の翼』『騎兵隊』『コールタァ・クレイブン物語』『バファロー大隊』『西部開拓史』『ドノバン珊瑚礁』『シャイアン』『荒野の女たち』これらの作品に様々な医者が登場する。

原題の「7 Women」は、伝道所の宣教師と4人のスタッフ。他の伝道所から避難してきた女性(アンナ・リー)と女医の7人である。舞台となった場所は、外モンゴル自治区で、正確にはモンゴルではなく中国であるが、国

『荒鷲の翼』の〝二人フォード〟

境の概念は無いようだ。

馬賊団の騎兵たちは、アジア系の俳優で固めている。とても細く切れ上がった目で、モンゴル人を表現しているが、副首領リーンを演じるウッディ・ストロードは、クリクリした大きな目で、世界に認識されている。メイクの技術は大したものだと思う。そんなウッディの顔を、細く切れ上がった目のモンゴル人に作り替えてしまったのだ。

獣のような馬賊の捕虜になった7人の中に、臨月を迎えた産婦がいる。医師カートライトは最悪の環境の中で、何とか無事に出産させた。そして、偉業を成し遂げた彼女の中に今までに無かった、ある高潔な気持ちが生まれたのだ。

極限環境の最中に新しい命を取り出すストーリィは、他には『駅馬車』『三人の名付親』と、あとは『怒りの葡萄』の生まれる直前と『モホークの太鼓』の決戦の直前の出産があって、本作品は5作目となる。

カートライトはタバコの火は途切れず、ウィスキーはグイグイ飲む。無神論で神に祈る習慣はない。アメリカのどこかの都市で医者をやっていたようだが、はねっ返えりの性格が災いしてか、いろいろあった様で、海外転出を希望したらモンゴル派遣になってしまったのだ。おそらく厄介払いだろう。そんな逆境の中で、新しい命を取り出すという結果を示した。彼女の、医者としての崇高な使命感、達成感が、この聖職者たちを助けられるのは、自分しかいないではないかという思いに至ったのだ。

カートライトは艶やかなモンゴル衣装に身を包み、馬賊の首領カーン（マイク・マズルキ）の前に立つ。そして医療用の毒の入った酒を飲ませて、自分もその酒を飲み干す。毒を制するには毒しか無い。

副首領リーンは首領との決闘で殺されて、これでリーダー格は誰もいなくなった。残った、ただの血に飢えた野獣集団の中で、白人の女性が生き伸びる道は無いのだ。

冒頭、広い草原を馬賊の一団が疾駆する。小さなグループが次々と合流し、部隊は大きくなって行く。フォードがサイレント期によくやった技法だ。おそらく第2監督のクリフ・ライアンズが監修したパートだろう。あとの本編全てがスタジオ内で撮られた。スタジオとは言え、馬賊団が伝道所に襲来するシーンの迫力は只ならぬものがある。『モガンボ』にもそんな場面があった。フォード監督は、何故こんなに上手いのかと思う。そう言えば『モガンボ』の第2班監督の中に、ヤキマ・カナットの名前があった。

フォードにとって、これが最後の劇映画作品となる。癌に侵された監督に、仕事を依頼する製作者は誰もいない。２本のシナリオが進んでいたが、没になった。

『真珠湾攻撃』『ミッドウェイ海戦』の、役に立つ話

１９４1年1２月７日未明に日本軍はハワイのパールハーバーを急襲した。フォードの野戦撮影隊は６日後に現地に入り、グレッグ・トーランドの指揮で多くの映像をカメラに収めた。被弾シーンや迎撃シーンは２０世紀・フォックスのスタジオに巨大セットを作って撮られた。この部分の監督はロイ・ケロッグ。本作品は前半にウォルター・ヒューストンとハリー・ダベンポートによる、ハワイでの日本人文化をどう捉えるかについての対話の劇映画があり、ラストには第一次世界大戦の戦没者の幽霊と、パールハーバーの急襲で戦死した兵士の幽霊（ダナ・アンドリューズ）が戦没者の墓地で、アメリカの未来論を語る、何やら重たいシーンもある。これらの部分を監督したのはグレッグなのか、フォードなのかは定かではない。いずれにしても、只のドキュメンタリーフィルムではなく1時間22分の劇映画に近い作品にまとめ、軍に提出した。編集はロバート・パリッシュ。しかし軍が求めた映像は、攻撃を受けて、反撃して、基地が復興する核心部分が欲しかったのと、ハワイの危機意識が欠如している表現があって、このフィルムを接収してしまう。そして軍は後半の戦闘シーンだけの約34分を、戦意高揚を目的とした短編に編集し直して『Desember 71h 』の題で公開した。

史実は真珠湾奇襲が１９４１年12月で、ミッドウェイの海戦は１９４２年６月であるが、海軍がフィルムを公開したのは『Desember 7th 』が１９４３年となった。丁度アカデミー賞にドキュメンタリー部門が創設された最初の年で、『ミッドウェイ海戦』が文句なしの受賞。受賞者は海軍。翌年は『Desember 7th 』が受賞した。戦後、海軍はこの2作のアカデミー賞受賞の栄誉とオスカー像をフォードに渡した。以後、この2作は、ジョン・フォードの作品として、主なフィルモグラフィや今日のデータベースに記載されている。短編なのでオスカー像は１／２サイズ。フォードが受賞した監督賞は4賞から一気に6賞に増えた。

野戦撮影隊は、真珠湾の奇襲にはいなかったし、ミッドウェイでは、フォード自身と無名のカメラマンの2人だけである。撮影隊はミッドウェイには来ていない。ミッドウェイの激戦の全容を語れる映像は、ほとんど軍の記録班が撮ったもので、フィルムの尺は相当の量だと想像できる。決定的な瞬間は、撮影者の近くに着弾して、手持ちカメラの映像がバシーンと吹き飛ぶ。フォードが、機銃を掃射しながら突進して来るゼロ戦機と対峙してカメラを廻し続けたとされる、伝説の映像がどれなのかは判らない。

負傷したパイロットを機から救急車に移す場面に重ねた、ジェーン・ダーウェルのナレーション「あの子たちを病院に！　どうかそうして！」の決定打で、フォードの作品として上映され、全米の母親は気が狂ったように興奮したと語られている。ナレーションのシナリオはダドリー・ニコルズ。ナレーターはジェーンとヘンリー・フォンダ。何故この2人が選ばれたかを知りたい？　この2人は『オックスボー事件』の撮影中、スタジオからフォードに拉致されたのである。ナレーションは他にドナルド・クリスプも。

隣でカメラを回す助手が、本来ならグレッグ・トーランドなのだが、真珠湾にまだまだ仕事が残っていて、ミッドウェイには来られなかったという史実がある。フォードはこの第1波で名誉の負傷を負ったのだが、第2波の襲来でもカメラを担いで外に出たと言われている。

冒頭海辺で若い兵士がアコーディオンを弾くが、曲はフォードの大好きな「Red River Valley」で、ダニー・ボーザージの演奏のアフレコと言われている。2年前の『怒りの葡萄』の主題曲だった。

1996年、軍は接収していた、今は亡きフォード監督のオリジナルフィルムをリリースした。こちらは日本での特別公開のあと、IVC社から『真珠湾攻撃（完全復元長編版）』。また軍が編集した34分物はブロードウェイ社から『ドキュメント真珠湾攻撃』として発売。こちらは『ミッドウェイ海戦』とセット販売。さらにはコズミック社の第二次世界大戦シリーズのボックスにも入っている。

戦争には正しいありのままの映像記録が必要な時代になった。戦後、「この戦争は何だったのか」と振り返り、全てを明確にさせる作業が待っている。そのため海軍省、陸軍省は完全なる映像記録が整っている事を切望する。更には、その膨大な記録を編集して短編にまとめ、国民にも説明しなければならない。その編集作業は映画界の専門家に任せた方が良いに決まっている。更に時間が経つと、映像市場に商品としてリリースされ、国民はそれを買って戦争を回顧する。ジョン・フォードは自分が海軍中佐（当時）の立場と、国が認めた野戦撮影隊の立場と、映画の神様の立場を無駄にはしなかった。

ジョン・フォードを演じる

第1話 『ミッドウェイ』でのジョン・フォード

２０１９年にハリウッドは『ミッドウェイ』を再々映画化した。ＳＦＸを駆使した大画面の迫力満点の２時間30分の大作に仕上げられている。そしてジョン・フォード監督が、銃弾飛び交う中でカメラを廻している現場が登場する。フォード（やや）そっくりさんと助手のカメラマンが、ロケハンするシーンと、空襲の中でカメラを回し続ける2シーン。

１９４２年6月早朝、おびただしい数の日本機がここミッドウエィに襲来する。広報担当官が防空壕への避難を指示するが、フォード監督は逆に屋上に上がってカメラを回す。そして、猛烈な機銃の掃射を浴び、体のすぐ近くに着弾し、監督はひっくり返り、恐怖におののくアップで終わるが、実際にカメラマンが機銃掃射に対峙して、カメラを廻し続けた最初のドキュメンタリーフィルムとなった。その後ベトナム戦争では、これをやったカメラマンは増えた様だが、最初にやってのけたのはフォードご自身であるが、あまり知られてはいない。

第2話 『フェイブル・マンズ』でのジョン・フォード

今や世界の映画文化を牽引するスティーヴン・スピルバーグの若き日々の映像化を自らがメガホンを取った作品である『フェイブル・マンズ』が公開された。この映画のラストにジョン・フォードが登場する。フォードを演じるはデビッド・リンチ。フォードは映画作家の卵か、あるいはもっと若いスピルバーグに自分の映画美学のベースにある、地平線の在り方を伝授した史実が映像化されている。しかし、そのフォードたるや、昼食から帰って来たのだが、酔いが回り、ホッペには口紅がべたべた。葉巻の着火に執心し、言葉は粗々しい。若き日のスピルバーグは、すっかり度肝を抜かれてしまう。

＊

この２作はフォードの没後、別人が製作したもので、そのまま受け止めればいいのだが、『荒鷲の翼』に登場するジョン・フォードは、名前こそダッジに変えてワード・ボンドが演じているが、メガホンを取ったのはフォード自身であり、何とも複雑極まりない。

フォードを誰かが演じた作品はこの3作となるが、ハリウッドは何でもありの世界で、これからどんな映像化が現れるのかわからない。いっそのこと『荒野の決闘』の製作実話や裏話をそっくり映画にしてはどうだろうか。ジョン・フォード一家オールスターで。CGを使ったり、そっくりさんを使ったり。

『荒鷲の翼』にまつわる、すべらない話

アメリカ海軍航空隊の創設者であり、作家、シナリオライターで、フォードとは交流の深い海軍中佐フランク・W〝スピッグ〟ウィードの波乱万丈の伝記映画である。1916年に海軍士官学校に入学したのが海軍人生の始まりで、本作品『The Wings of Eagles』は、ウィードの30年間の海軍と共に歩んだ人生を映画にしたもので、ウィード死去10年後に製作が開始され、トップスターのジョン・ウェインがウィードを演じた。

劇中にもあるが、ウィードは事故で頸骨を折って、全身不随になってしまう。その後、血のにじむリハビリで現実に立ち向かい､何とか手が動かせるとこまで回復し、雑誌専門の航空機にまつわる短編小説を書き、それが売れるようになった。約12編の著書が世に出た。海軍はその事を認め、ウィードの軍籍はそのままで、逆にウィードは中佐に昇格もしている。

ウィードは小説家から脚本の方へ転身し成功していた。1932年フォードはウィードのシナリオで『大空の闘士』を製作し、2人の人間関係が誕生した。このときの出会いは25年後の本作『荒鷲の翼』で詳しく描写されている。ウィードがダッジ監督（ワード・ボンド）のオフィスを訪れる。秘書（ドロシー・ジョーダン）が紹介されたのだが、名前がストーンウォール・ジャクソンと、バリバリの男性の名前で紹介される。ここでもフォードは理由を説明してくれない。だから「おそらく」なのだが、フォード監督の元に世界中から、自作の脚本が投稿されているのではないだろうか。フォードは直接目を通さないで、秘書が受けて、評価を付けて返送していると思える。そのときのペンネームがストーンウォール・ジャクソンなのではないだろうか。ちなみにこの名の人

物は、南軍の猛将である。

ダッジ監督はステッキの中を2重構造にしてウィスキーを忍ばせて、二人は乾杯をする。これは、アメリカは禁酒法なるものを制定して、自らを酒が飲めない国家にしたからである。1933年にこの法案は棄却されたが、2人が会ったときはまだ、禁酒時代が終わるギリギリの頃であった。

戦後、『コレヒドール戦記』の脚本もウィードが担当する。ウィードがダッジ監督のオフィスを訪れたときの描写であるが、壁にはトム・ミックスやハリー・ケリーの写真と、トムが愛用した本物の鞍が置いてある。フォードは1923年にトム・ミックスを主演に『意気天に沖す』『三歩先んじて』の2本を撮っている。トムはその後、自動車事故で他界してしまった。

1941年、ハワイの真珠湾が日本軍に攻撃され、アメリカは第2次世界大戦に突入した。ウィードは別居中の妻ミニー（モーリン・オハラ）と、「これからは一緒に暮らそう」と気持ちを伝えるため、やっと繋がった電話で、「これから入隊して戦地に向かう」旨を伝える事になってしまった。ウィードは、参謀本部の作戦室で、海軍の航空隊の空母を主戦力にした戦略を構築した。この時点で合衆国の航空母艦は「エンタープライズ」ただ一隻で、残りは真珠湾で沈められてしまったのだ。建造中の艦が配備されるまで、とりあえずの態勢の戦略を組み立てる。その戦略を実践するべくウィードもエンタープライズに乗り込んだ。しかしウィードの体は、敵機襲来のたびに緊張から頸骨に激痛が走り、周りに迷惑をかけている事実は、ウィード自身が一番理解していた。遂にウィードは戦線から身を引く決意をした。離艦のとき見送りに来てくれた仲間の中に、ケンカに明け暮れた陸軍のハザードの姿もあった。ハザードの頰にはキラリと光るものが、続いてウィードの頰からも。

本作品のウィードとフォードとの出会いのシーンで、ちょっぴりまずい部分がある。ウィードが尋ねたダッジ（フォード）監督の部屋には何と5体のオスカー像が燦然と輝いている。何がまずいかって、時期が合っていないのだ。フォードが最初に監督賞を拝受した『男の敵』は、フォードとウィードの出会いの3年後である。『怒りの葡萄』『わが谷は緑なりき』『静かなる男』はもっと後々という事。その部屋の中の描写はそっくり本作品に収まっている。後日、その事を指摘されたフォードは「あれはワードが勝手に並べたものだ」と言ったとか言わないとか。

いわゆる偉人伝の、大河ドラマに近い30年間の時間の流れを綴った映画である。そこに、筆者としては気になる点が無きにしもあらず。それは、ある実在の人物の生涯を、ハリウッドを牽引するトップスターが演じる事にいささかの抵抗を感じて止まないのである。本作品を観ていて何度か錯覚に陥った。スターがその人物を熱演すればするほどスターの映画になって、モデルのその人物の存在は薄れていくのだ。そのスターが個人的にひいきの役者であれば、錯覚は抜き差しならなくなる。

本作品の前半は、士官学校の同期たちの航空部設立に燃える姿、その手段として各種航空レースで陸軍を打ちのめす事だった。そしてケンカの日々。いつものスタントマン達を投入させて、勝手にやらせたり、サイレント期のドタバタ喜劇の手法を取り入れたり、何しろ可笑しい。いつまでも記憶に残る。恨みつらみのないケンカだから。

ワードは本作品を最後にテレビ界へ行ってしまう。1950年の『幌馬車』の大ヒットで、テレビ版の『幌馬車隊』で同じ隊長役を演じる事になった。シリーズが終わったらフォード組に戻ると、誰もが信じていたが、現実はそうはいかない。シリーズは大ヒットして、会社側は「もっと作れ」「もっと作れ」でワードは映画界には戻れなくなってしまった。そんな時代だった。

ワードはフォード家に勝手に上がっては、たむろして勝手に酒を出して飲む輩の番長クラスだった。それをテレビ界でも同じ量を飲んだらしい。遂には心臓発作で苦しみ、帰らぬ人となってしまった。死因は仕事のしすぎ、酒の飲み過ぎ。想像だが、テレビドラマは1週間単位で物事が回っているのだろう。映画製作とは時間の流れが違うのだと思われる。そしてワードは、もう若くはない。

モーリン・オハラ。ジョン・ウェインの『リオ・グランデの砦』『静かなる男』に続いて第3作目の夫婦役である。ウィードが全身不随になったとき、全く弱気の意気地の無いウィードをジョン・ウェインに演じさせた。こんなウェインを見たことがない。そして妻ミニーに当たる。「もう2度と動けないんだ」「これから君は自由になるんだ。好きなように生きてくれ」「同情なんかされたくない」フォードはこんな寂しい言葉をウェインに吐かせた。しかしミニーは去らなかった。逆にウィードの病室に、毎日赤いバラを送り続けた。赤いバラはアイルランドの風習で、愛情表現に使われる。仲間たち（ダン・デイリー。ケン・カーティス。タイジ・アンドリューズ）の友情に包まれて、ウィードも不退転の闘志で、それに応えたという物語。

ウィードが艦を去るときの描写は映画史にも残るはずだ。要人が艦から艦へ移動するとき、艦を止める事はできない。船団を止める事になりかねないから。映画は、本物の空母に護衛艦が同じ速度で並走させ、ロープを渡しゴンドラにウィードを乗せて、白波が立つうねりの中で身柄を移送させた。この撮影に、ジョン・フォード海軍大佐はその権限を無駄なく発揮した事であろう。そしてジョン・ウェインはスタントダブル無しで、それに応えた。

〈脇役一本釣り〉

オリーブ・ケリー

いまさらこの人をと、抵抗を感じるが、オリーブ・ケリーを紹介したい。言わずと知れたハリー・ケリーの奥さんで、ハリー・ケリーJrの御母上である。ちまたでは「ジョン・フォードを叱れる唯一の人」と言われるが、これは当っている。フォードが「オリーが怖い」「オリーに叱られる」のつぶやきを聞いた人は多い。そりゃあ日頃、人を叱ってばかりの人は、叱られる事がこたえるのだろうよ。『捜索者』では開拓民ジョーゲンセンの妻を演じた。フォード外だが『ＯＫ牧場の決闘』のクラントンの妻も良かった。

本作品ではウィードの留守を守る家政婦の役どころ。けた外れの家庭や家族を顧みない雇い主に愛想をつかした家政婦が、仕事を放棄するという手で、雇い主に意思を表示する役どころ。フォード自身も家庭や奥さんを顧みない人種で、ウィードと意気投合した要因の一つ。フォード監督はそんな現実世界に、オリーブを絡ませるもんだから、何かもっと奥があるのかなと、思ってしまう。

『騎兵隊』にまつわる、すべらない話

南北戦争はいよいよ最終戦局を迎え、南部連邦の交通の要衛であるニュートン駅の徹底破壊作戦が煉られた。ユリシーズ・グラント将軍（スタン・ジョーンズ）は歴

戦の猛者マーロウ大佐（ジョン・ウェイン）にこの大任を託す。マーロウ大佐は急きょ、騎兵３００人の大隊を編成し、行動計画を練る。

そのニュートン市は架空の町だが、隊の作戦会議で広げた地図はミシシッピー州と書いてある。「ここが目的地のニュートンだ」と、中央あたりを指す。今のミシシッピー州の地図に照らすと、そこは州都のジャクソン市である。フォードはジャクソンをニュートンに置き替えたようだ。出発点がテネシー州のラグランジュで、ニュートンまでおよそ４８０キロの敵中行軍の物語。

マーロウ大佐が将軍に説明したように、この大隊はイリノイ、ミシガン、アイオワ州の騎馬部隊で編成させた混成大隊で、原題の『The Horse Soldiers』でも示している様に、我々の知る騎兵隊（U.S. Cavalry）ではない。ただし冒頭に挿入された主題曲では「キャバリー　キャバリー」と唄っていた。因みにこの曲の作詞、作曲はスタン・ジョーンズで、グラント将軍を演じている。

ニュートン駅で貨物車から突進した民兵はプリズナーと呼ばれる囚人兵の様だ。『プリースト判事』でも紹介されたが、南部連邦は囚人が生還出来れば無罪放免と言う約束で戦線に送った史実はある。収監するだけでもお金がかかるので、戦死して元々で、その上戦力になればメッケモンという目論見なのだろう。ダーっと突進した先頭のリーダーを演じるはクリフ・ライアンズ。迎え撃つ北軍の中にもクリフはいる。彼らは、駅前の大通りをやみくもに突進して次々と撃ち倒される。相手の装備力を消耗させるための、捨て石作戦なのだろう。被弾し、南部連邦の勝利と繁栄を信じて、力が尽きていく。

この戦争で、運悪く南軍の捕虜になった北軍兵士は、各地の収容所を転々と廻された挙句、最終的にはアンダーソンビル捕虜収容所へ送られる。そして、アメリカ史の汚点の一つである、非人間的な虐待の扱いの中で、死を待つしかない収容所生活を送る。おそらくだが、南部連邦の市民の収監者たちの待遇も、だんだん劣悪化して、囚人たちは地獄のような生活を送り、遂には囚人兵として戦線で、自分を運命にゆだねるという選択肢を選んだのではないだろうか。祖国のための戦死を受け入れれば、その瞬間までは人間として扱われるのだ。

フォード監督の説明をしないで、自分だけ楽しむ映画作りは随所にある。囚人部隊も説明は無いが、ニュートンの要所のレールを取り外し、火で熱してU字に曲げるまでで十分にリアルなのに、そのレールを水に投じている。これは「焼き入れ」と称して、鉄の硬度が増して、元には戻せない固さになる。さらには冒頭、マーロウ大佐が最高司令官グラント将軍に呼び出されるが、出頭した場所は、どう見ても船のキャビンだ。これは、グラント将軍はミシシッピー河に、河川砲艦部隊を編成して、河からの攻撃で多くの戦果を上げていた史実がある。最高戦略本部と自分の居住拠点をこの船に構えたのかもしれない。あるいはフォードの私船アラナー号を撮影に使ったか。ニュートンでの鉄道破壊の描写は妙にリアルだ。マーロウ大佐は、戦前は鉄道を敷き保線する側の人間だった。逆も真なりで、当分立ち直れない破壊の在り方をマーロウは熟知していたはずだ。そしてこの作戦に適任だと白羽の矢が飛んで来たと、勝手に想像を重ねたわけだが、説明なしは、探せばいくらでも出て来るから始末に悪い。

南部連邦は最後の決戦で状況は変わると信じて、あらゆる男たちを戦場に送った。負傷兵、囚人、そして幼年候補生まで。ここジェファーソン陸軍士官学校にも、最後に残った幼年兵の出陣が要請された。神父でもある校長（ベイジル・ライズディール）は神に許しを乞い、翌朝全幼年候補生で連隊を組織させ、自らが先頭に立ち、聖書を片手に戦線に向かった。連隊は、駐屯中の北軍の背後から一斉射撃を浴びせ、続いて突撃が開始された。応戦する北軍は敵が子供と知り、マーロウ大佐は退却命令を発し、後ろを見せて退き、戦闘を回避させた。まだ声変わりもしていないチビ達は奇声を上げて果敢に北軍を追うが、追う兵士が追われる兵士に捕まってお尻を叩かれる。「お前たちは勇敢だぞ。強い男になれよ」ペンペンペン。このシークエンスは、モーレッツ右系（世間では極右とも呼ぶ）小説家、ジェームス・ワーナー・ベラの短編小説『勇敢なるヴァージニアンたち』からシナリオを起こしたもの。

この幼年兵の一人、ジョニー少年の母親（アンナ・リー）は、ジョニーの父も叔父も兄も戦死してしまったので、この子は作戦から外してくれと校長に懇願し、泣いて嫌がるジョニーを家に連れ帰る。しかしジョニーは自宅の窓から脱出して連隊を追った。このシークエンスは、モーレッツ左系（世間では極左とも呼ぶ）作家、ダルトン・トランボの『ジョニーは戦場へ行った』（１９７１）に当てこすったみたいに見えて面白い。

マーロウ隊は任務を完了したが退路を断たれ、北の合衆国に戻れなくなった。一計を案じ、さらに南下してバトンルージュに向かう作戦を立てる。この地はミシシッピーの河口のニューオールリンズから100キロほど上流に位置する都市である。合衆国の海軍が河からの砲撃で陥落させ、北側の飛び領土になっていた。マーロウ隊はここに逃げ込めば、あとは馬を捨てて、大型の遠洋船の快適で安全な船旅でメキシコ湾から大西洋に出て北上して北部に戻れる。南部連邦には海軍が無いのだ。北軍の騎兵隊が海軍と協力してカリブの海賊と戦うとか、痛快アクション番外編が一本つくれそうだ。

ジョン・マーロウ大佐は、軍医ハンク（ウィリアム・ホールデン）と「あばよ、いかさま医者め」「元気でな、保線屋」（字幕をそのまま）と挨拶を交わし、ハナ・ハンター（コンスタンス・タワーズ）に愛を告白し、橋を爆破して、隊は南を目指す。脚本ではバトンルージュの味方の陣営に到着、意気揚々と凱旋して終わるはずだったが、公開版は橋の爆破でエンドマークとなっている。無事敵中を突破したのか、捕虜になったのか、全滅したのか、観る側は判らないので消化不良型エンディングだ。これは撮影中に人身事故が起きて、フォードは「意気揚々の凱旋」のシークエンスを撮らずして、撮影を終わらせて引き上げてしまったのだ。

本作品は観る人にパワーとエネルギーを与えてくれる、活気みなぎる映画である。まるでスポーツを観戦している気持にもなる。そこには北軍も南軍も所詮、同じアメリカ人ではないか。今は止むを得ずして戦争をしているのさと、南軍の脱走兵に拘束された退役軍人（ラッセル・シンプスン）を助けたり、幼年兵の突撃には後ろ見せて退却したりの描写で、一方的な戦争映画にはしていない。それと同時に戦争の悲惨さの描写は、各所にしっかりとはめ込んでいる。足に傷を負った兵士（ビング・ラッセル）は、その傷が腐敗して足の切断に至る。兵士は自分を納得させるため酒をあおるが、いくら飲んでも酔えない。無理もない。敵陣奥深くで、片足を切断して馬にも乗れなくなった先に何があるのか。生きる意味を一瞬にして失ったその兵士は翌朝死んでしまう。自分の生命維持を自分で止めたのだろう。ニュートン市を攻略し駅前のホテルのロビーを野戦病院にするが、文字通り血を血で洗う悲惨な状況である。そんな中で死の恐怖におののく若い兵士。この男が夢見た将来はこんなではなかった筈だ。

本作品は480キロの行軍映画だが、フォードの得意の多くのエピソードの組み合わせで映画は出来上がっていて、決してミシシッピー地方の旅物語りではない。使命を達成した連隊は、全速力でバトンルージュまで、ひたすら走り抜けなければならない。当然南軍は精鋭の追撃隊を編成して追って来る。

本体は河に出会う。ミシシッピー河の支流だろう。そして橋。対岸には南軍が戦陣を敷いて待ち構えている。大砲も2門あるようだ。マーロウは突撃隊を編成させ、自らが先頭に対岸に向けて突撃し、南軍の布陣を蹴散らした。マーロウの破壊命令の中には橋も入っている。橋げたにたっぷり火薬を仕込んで爆破の準備完了。追撃部隊は猛速度ですぐ後ろまで迫った。ハナ・ハンターとはここで別れる。愛を告白し、ハンターのバンダナを取って自分の首に巻いた。かすかに流れるは「Lorena」。そして橋の爆破。重症の戦傷者はここに残す。そのため軍医ハンク・ケンドール少佐は一緒に残るという。その先にあるのはアンダーソンビル収容所行きである。ついに追いついた追撃隊の軍医が名乗り出て、「手伝う事があるか」と言う。先述したように、映画はここで終わる。

この当時、映画の主役はスター一人ではテレビに勝てなくなってきた。そのため大物スター2人、または3人を絡めた映画作りになった。監督はそのバランスを取る事に腐心しなければならない。中には無理やり「花を持たせて」バランスを取った映画もあるだろう。本作品は、ジョン・フォード、ジョン・ウェインの黄金コンビの、世界がひれ伏す久々の騎兵隊ものに、これでもかとウィリアム・ホールデンをてんこ盛りさせた豪華版である。ウィリアム・ホールデンは女性客を呼べる。言っちゃ悪いが、ウェインには出来ない相談である。たとえ、コンスタンス・タワーズとのキスシーンを用意しても、それが集客に役に立ったものかどうか……。あとはフォードクランのいつもの面々を、何人見つけるかを、楽しむ。

〈脇役一本釣り〉

スタントマンのフレッド・ケネディは多くのフォード作品でスタントを務め、40歳ごろから端役俳優に切り替え、フォードを支えた。本作品ではハナ・ハンター嬢を見張る騎兵の役どころだった。しかしフレッドは、スタントで、あと

フレッド・ケネディ

少し稼がせて欲しいと監督に願い出たのだ。フォードは断ったがフレッドの熱意に折れてしまった。フレッドはこのとき50歳でスタント職から離れて年月が経っていた。白い軍医の服を着て走って来て、カメラの前で見事に転馬を決めたのだが、打ち所が悪く、殉職してしまった。フォードは「俺が殺したんだ」と自分を責めに責めた。フォードのそのときの精神状態では、撮影を続ける事は無理だった。

スタントマンは黒子なので、あまり顔は知られないが、『リオ・グランデの砦』で、ジェフ補充兵と陸軍式のケンカをし、一晩中ジェフを看病した演技で監督の期待に応えていた。他には『黄色いリボン』『静かなる男』『最後の歓呼』などなど。

パピィ

ジョン・フォードの生涯や作品群を記述した著書の数は、おびただしいものになる。勝手ながら、その中から「ジョン・フォード伝」と「ジョン・フォードの旗の下に」を選びたい。選んだ理由は、前者はジョンの孫のダンが書いたものであり、後者はジョンと長年寝食を共にしたドーブが書いたものだから。つまり裸のジョン・フォードのありのままが伝えられているのである。それと訳者がどちらも高橋千尋氏なのもうれしくなる。

『ジョン・フォード伝　親父と呼ばれた映画監督』Pappy：The Life of JOHN・FORD について。Pappy は papa の変形で、使われ方はとても柔軟で、祖父をパピィと呼ぶ人は多いようだ。著者ダンもジョンの孫で、父パットとの区別もあって、祖父ジョンを pappy と日常呼んでいたと思える。

ダンは1945年生まれで、大学を出てベトナム戦争に出征している。1973年ジョンが他界すると同時に本著の執筆をスタート。5年の歳月を経て1978年12月に完成。その時点で存命の関係者、約40名からの情報収集したものをベースにしてフォードの全体像に迫っている。関係者たちも高齢化していて、印刷に廻った頃、ジョン・ウェインが他界している。40名の情報提供者は本著の冒頭に記されている。

『ジョン・フォードの旗の下に』著者はドーブことハリー・ケリー・Jrで、自身のフォード組へ参加した10本の作品について、楽屋話を中心に、一般人には触れる事のない逸話がギッシリで、読み応えのある著書である。

内容はドーブの記憶から掘り起こしたもの。計り知れない記憶力の持ち主だが、それだけフォードとの日々は強い思い出の連続だったのだろう。

一口で言い表せば、前者はそのときの社会的状況、映画界の置かれた位置、結果の評価などをベースに置いたのに対し、後者はあくまでも撮影現場の表の出来事、裏の出来事の人間中心がベースになっている。

『馬上の二人』にまつわる、すべらない話

テキサスの南西部の国境の街、タスコサから60キロほど離れたグラント砦に、幌馬車隊が到着する。この隊は、家族がコマンチに拉致された、いわゆる拉致被害家族団である。この砦の司令官フレイザー少佐（ジョン・マッキンタイア）に、拉致被害者の奪還を直訴しにはるばる馬車を連ね、到着したのだった。フレイザー少佐はコマンチのクワナ酋長と通商の経験があるガスリー（ジェームズ・スチュワート）を臨時に雇用して、砦のジム・ゲイリー中佐（リチャード・ウィドマーク）とでコマンチ部落に交渉に行かせるため、ガスリーを砦に呼びつけた。ガスリーはタスコサで保安官をしていた。


コマンチ族が白人を拉致した史実は多くの著書や映画に残されている。本作品と『捜索者』『リオ・グランデの砦』も拉致問題が軸になっている。本作品に登場するコマンチの戦闘隊長クアナと、『捜索者』の酋長スカーはどちらもヘンリー・ブランドンが演じている。この俳優はドイツ系で青い澄み切った目を持つ。どうやらモンゴロイド系のインディアンではない。つまり、ヨーロッパから移民した開拓者の子供が拉致され、コマンチ化して戦士になったようだ。そして白人を襲い子供を拉致する。コマンチ族は小グループで生存しているので、婚姻の相手はどうしても近親者になってしまう。つまりグループ全員が親戚関係になる。過酷な環境を生き抜くには違う血を混ぜなければならない。コマンチ達は、混血に強い因子が生まれる事実を理解していて、その手段に拉致事業を族の是にしたようだ。幼い子供が拉致されると完全にコマンチ化してしまい、白人社会に連れ戻しても様々な悲劇が待ち受ける。

以下は史実である。開拓者の娘、シンシア・アン・パーカーはコマンチに拉致されたが24年後に救出される。彼女はその間に3人の子供を産む。その中の1人が偉大な族長となり、クアナ・パーカーと呼ばれた。フォード

はこの史実と本作品を結び付けたかったと思える。この部族にハンナと言う名の白人の老女がいる。おそらくクアナの母親で、シンシアがモデルだろう。演じるはメエ・マーシュ。この人も澄み切った青い目を持つ。そしてクアナは英語が話せる。

この部族は酋長と、戦闘隊長（ウッディ・ストロード）が、いがみ合って2派に割れている。これと全く同じパターンを5年後の『荒野の女たち』でも馬賊団の首長（マイク・マズルキ）と戦闘隊長が同じくウッディ・ストロードの再登場でいがみ合い。こちらはモンゴル・レスリングでウッディは首の骨を折られる。フォードは、人間集団とは必ず分断する宿命にある事を表現したかったのだろうか。

本作品は、拉致される事の理不尽さを前提にしながら、子供の拉致はその後、英語を忘れ、その子の人格は完全にコマンチ化してしまう怖さが主題になっていく。本作品の後半の骨格でもある、コマンチ化してしまった少年ランニング・ウルフ（デビッド・ケント）の足跡をたどってみよう。ウルフ少年は救出スカウトのガスリーとジム中尉の手で最新の連発銃と交換に、家族団の元へ連れ戻されるが、本名や年齢などの手がかりは何も無い。マッキャンドレス夫妻（クリフ・ライアンズ。ジャネット・ノーラン）が里親になって育てるという。別の弟を拉致された家族のマーティ・バーセル（シャーリィ・ジョーンズ）は、弟は拉致される前、父親が買ってくれたオルゴールを心の友にしていた、と言う。マーティはそのオルゴールをこのツアーに持参していた。その夜、ウルフ少年は仲間の所に帰りたくて、マッキャンドレス夫人を殺害してしまう。家族団はウルフ少年を縛り首にするべく暴徒化する。ウルフ少年の首にロープが巻かれたとき、何かの拍子でオルゴールの蓋が開いて曲が流れ出た。突然ウルフ少年は「俺のだ！」「俺のだ！」と英語で叫び、オルゴールを抱きしめるが、首のロープは引かれ、死刑は執行されてしまった。ウルフ少年はマーティの弟だったのだ。

拉致の問題はあまりにも悲惨だ。フォードは正面から取り組みながら、巧みに主軸をコマンチに折衝に行く2人のトップスターに置いた。原題は『Two Rode Together』（二人連れの旅）。

旅の途中この2人、ジェームズ・スチュワートとリチャード・ウィドマークは河の岸辺に並んで腰を下ろし、女問題、結婚話、給料の安さ、役得について語り合う。何しろその女ベル（アネル・ヘイズ）は2人の共通の女なので2人はトボケまくる。ボケたり、ツッコんだりの大人の会話を2人の大御所は4分10秒、ワンカットでやってのけた。しかもワンテークだったと伝えられる。ついでだが、ダニー・ボーザージがフランシス・フォードの物まねをやるシーンもお見逃し無きよう。

データベースによれば、この作品にはスタントマンが大勢名前を連ねているが、スタントシーンはどこにも無い。おそらくだが、フォードのいつものドタバタシーンをいくつか撮ったのだが、会社側のカット要請に折れ、削除されたのだろう。そしてフォードは腹の中で笑う。「最初から織り込んだ事よ。スタントマン達はカットされようがされまいが、危険手当、その他諸々は、すでに受け取ったわい」

ウィルス・ブッチー

〈脇役一本釣り〉

拉致家族団の団長を演じたウィリス・ブッチーを紹介する。この人、いかにも厳つく、登りつめた重職を担う役が似合うが、実は何も空気を読んでいない、困ったオヤジだったという演技がとても上手い。

フォード作品のデビューが『長い灰色の線』で、マー夫妻に子供が産まれるので、皆集まって前祝いに盛り上がっている席に、流産の知らせを持ってくる医者の役。『荒鷲の翼』では航空母艦建造で燃える若いパイロットに、今は軍縮の時代だと、サラリと却下する政治家。『騎兵隊』では、行軍への参加は政治家になるための功名作りが目的で、周りはもう大変。『最後の歓呼』では市長選の最中、市長派家族なのに反市長的言い訳ばっかり。『バファロー大隊』では軍法会議の議長で、これは恰好よかったが、本作品『馬上の二人』では、拉致家族を引き連れるツアーの団長だが、奪還ではなく家族を満足させるヤラセツアーの団長。『リバティ・バランスを射った男』では、列車の車掌なのだが、ランソン議員が妻の心の奥をやっと読み取って、全てを理解したときに、タン壺を持って来て、ぶち壊す。ブッチー壊しここに極まれり。とどめは『シャイアン』で、やっと和平交渉にこぎ着けたのに、突撃したがるローカル部隊の隊長。これは『騎兵隊』の再利用。

（いのまた・とくじゅ）

誤字等誤記ぶり題名記

最終篇、多分?

最上敏信

●反省一。伊藤大輔監督、大河内傳次郎主演の日活映画「御誂次郎吉格子」の題名は正しかった。役名必ずしも映画の題名になるとは限らない。近衛十四郎主演、深田金之助監督のニュー東映「無法者の虎」は、役名が「張子の寅八」だが題名が「寅」ではなく「虎」に替わっていることに気が付く。以前、大河内傳次郎研究家の梶田章氏と「次郎吉」か「治郎吉」かで激論を交わしたが、日活が題名を間違うはずがない。現存する無声映画観賞会の「御誂治郎吉格子」は松田春翠が蒐め題名を作成したものだが、誤記である。役名が「治郎吉」ならば、当然題名は「治郎吉」、との思い違いがこの結果になった。大いに反省してここで「訂正」を致します。

●反省二。一九六一年五月一七日公開、新東宝、毛利正樹監督、嵐寛寿郎主演「風雲新選組」は、映画公開が先で、テレビ放送が後になったのだ。恐らく「風雲新選組」と「続風雲新選組」の二本の映画を四分割に編集し直して翌月、フジテレビ系列で「風雲新選組近藤勇」として、一九六一年六月の五、一二、一九、二六日に三〇分番組四回ドラマで放送したのだ。経営状態が危うい新東宝を挽回するため、嵐寛寿郎出演作の映画をテレビより先に公開したのである。

同時に気になるのが映画「続風雲新選組」の存在である。新東宝映画の多くは、題名が決まると直ちにポスターなど宣伝材料作成を急いだ。そのため他社に較べると同じはずの映像の題名とポスターの誤記が極めて多い。さらに「続風雲新選組」のポスターが公開したかのように現存しているが、これは新東宝倒産のため廃棄処分されたはずの古紙が出回ったのであろう、と想像する。ただし、一九六二年一一月一四、一五、一六日にフジテレビ系列で映画「風雲新撰組（後）」が放映されていた。これが「続風雲新選組」なのか？気になる処。ちなみに題名にある「風雲新撰組」の「手へんの撰」はキネマ旬報や映画年鑑が題名を誤記したものである。

●新選組つながりであまり知られていない映画も紹介しよう。一九六一年三月二九日公開、ニュー東映、飯塚増一監督、松方弘樹主演「東京新撰組」の題名は誤記？

朝日新聞朝刊の案内広告では「東京新選組」と誤記だが、毎日新聞、読売新聞夕刊では正しい題名の「東京新撰組」である。このように新聞広告で二通りあるのが一番困る。

●反省三。嵐寛壽郎を改めて調べ直した。一九七六年一一月白川書院刊行、竹中労編著「鞍馬天狗のおじさんは聞書アラカン一代」が恐らく最初のアラカンの資料であろう。文中には、江馬道生氏「嵐寛寿郎の全作品」を参照した、とあるが誤用が多い。例えば「鞍馬天狗余聞角兵衛獅子」は「鞍馬天狗異聞」が正しい。最悪なのは、キネマ旬報の記事を読み間違えている。一九二九年七月一二日公開、橋本松男監督作品「鞍馬天狗前篇」と「鞍馬天狗後篇」と二本が同時公開のような記述だが、よく調べるとこの後篇は、翌年の一九三〇年七月一三日公開「鞍馬天狗續篇電光篇」のことである。私自身の読み違えもあるが嵐寛壽郎主演の鞍馬天狗は「四〇本」が正しい、と思う。

●朱通祥男編「日本劇映画総目録」は現在最も便利に使用している参考図書である。その中で時々妙な記述を見る。例えば日活映画、荒井良平監督、月形龍之介主演「白波五人男」では、一九三八年一月七日公開とある下の備考欄に、「一九三七年封切の説もあり」とある。そんなバカな！想像だが、これは編集者が締め切りに追われ、自分で調べる時間がない場合に使われる常套手段である。そこで確認のため「都新聞」で映画広告を調べると「一九三八年」が正しかった。

何故こんな記述が現れたのか？も判明した。

社團法人映畫公社製作局「日本劇映畫作品目録」は、戦後直ぐＧＨＱへ提出するために作成された戦前の日本映画作品目録である。この目録の「一九三七年」にこの題名が記載されこの記述になったと思われる。余談であるが、この焼け跡から拾ってきたらしい作品目録を自分で勝手に書き直し正誤表を何枚も重ねた「戦前日本映画総目録日本映画研究会編」として高額で販売をした海賊版もあるので注意が必要である。

●戦前作品を戦後改題して再映された映画はかなり多い。日活、マキノ正博、稲垣浩共同監督、阪東妻三郎主演「血煙高田の馬場」は一九五四年三月二四日「決闘高田の馬場」と改題されて東宝で公開されている。メモに大映、一九五二年二月二九日公開「血闘高田の馬場」と更に改題再映があったように書かれてある。しかし新聞広告で確認をすると併映は「生き残った辨天様」とある。この改題版の出典は何処？乞うご教授。

●松竹映画を調べる時は、「松竹百年史」のリストを使用している。一九五三年九月一日公開、堀内眞直監督、田端義夫主演「次郎長一家罷り通る」が欠落しているようだ。

●こんなこともあるのかもしれない。松竹映画「銀座九丁目水の上」という題名を発見！一九六〇年一一月二六日公開、齋藤寅次郎監督、花菱アチャコ主演の新東宝映画「殴り込み女社長」を改題したもののようだ。松竹映画を改題して新東宝で公開した例はあるがまさか！その反対もあったのだ。

●一九五四年一月九日公開、小杉勇監督、若原雅夫主演、東映「この太陽第二部多美枝の巻」というのをリストでみたことがある。いきなり最初から、第二部？絶対に第一部もあるはずだ！と探したがみつからない。

この原作は牧逸馬で、戦前の日活映画に、公開日不詳だが、村田實監督、小杉勇主演の三部作、「この太陽第一篇蘭子の巻、第二篇多美枝の巻、第三篇曉子の巻」がある。

違いは、第二部と第二篇？こりゃ謎である。

●国際放映リスト及び新東宝関連書籍の多くから探したが発見できていない題名「妖雲漂う南部藩」を見つけた。TBS、一九六三年一〇月二八日に放映されている。これは新東宝、毛利正樹監督、小畑絹子、中村竜三郎主演「南部騒動妲妃《だっき》のお百《ひゃく》」の改題縮刷版のようである。

●一九四〇年の新興キネマ作品らしい。映倫が発行した「再映」のリストで発見した。題名は「或る病院の出来事」、監督は深田修造、脚本陶山密、出演者は、小柴幹二（幹治が正しいのだが）、相馬千恵子、山路ふみ子、宇佐美淳。しかし紙資料「新興キネマ全リスト」にも、この題名は見あたらない。

●これは、池袋の古本市のカタログに掲載された題名「やくざ恋三味線」である。確かに地方公開用であると思われる。ポスターに書かれているのは、嵐寛壽郎、宮城千賀子、田代八重子、原健作、三嶋雅夫、月形竜之介、他花形俳優総出演。惹句は「恋の夜風が、長脇差が芸と剣との谷あらし。待望の嵐寛壽郎の股旅異色篇」。嵐寛壽郎の出演作に「戀三味線」はあるが股旅ものではない。嵐寛寿郎と月形龍之介の共演作は二一本。原健策も含めた三人共演作でそれらしきものは「源太時雨」と「恋しぐれ浅間の火祭り」の二本。地方版の創作題名らしい。

●嵐寛寿郎主演の東映「源太時雨」の海賊版らしき改題版を見せて貰ったことがある。トップクレジットにあった題名は「磯の松原　源太しぐれ」。内容はまさに「源太時雨」であった。地方の有力興行者が改変したものであろうと想像はできるが、東映に問い合わせたところ、当然だが知らないとの返事。

●一九五九年一月一五日公開、東映映画「忠臣蔵　櫻花の巻　菊花の巻」は公開を当初別別にする予定であったらしく、映倫番号は忠臣蔵桜花の巻一〇九五一、忠臣蔵菊花の巻一一〇二五と異なり二本である。しかし公開時に一本立てに編集し直した為なのか、続篇は、タイトルを含め映倫番号、スタッフ、キャストがなく「菊花の巻」の表記から始まる。映画では前篇に出演した俳優が後篇には出演していないという例は極めて少ない。これは当初から意識して撮影したようで映像で確認をすると、前篇である櫻花の巻は、浅野内匠頭（中村錦之助）、脇坂淡路守（市川右太衛門）、綱吉（里見浩太郎）、多右衛門（榎本健一）、橋本平左衛門（月形龍之介）などは、前篇のみで後篇には出演していない。反対に、後篇菊花の巻では、小桜太夫（喜多川千鶴）、白菊太夫（花柳小菊）、戸田の局（長谷川裕見子）、お幸（千原しのぶ）、糸路（丘さとみ）、おかる（櫻町弘子）、初音太夫（花園ひろみ）、青柳太夫（雪代敬子）などが出ているが前篇には出演がない。

●一九八一年四月一一日公開、東映映画「ちゃんばらグラフィティー斬る！」はVHSで販売されただけで、その後、衛星放送の放映は勿論、DVDやBDにもなっていない。編集版なので画像も古いままで、クレジットの誤記が目立つので再映されることはないのだろう。恐らく総監修のマキノ雅裕は宣伝用に「名貸し」しただけで実際には監修していないのかもしれない。それにしても宣伝とはいえ、同時期にこの映画まるごと一冊の内容で、株式会社講談社より出版している。

●映画監督マキノ雅弘は、どうやら題名などの些末なことには興味がなかったようで題名を確認すると驚くほどの差異があった。

【〇一】戦後直ぐに「恋山彦総集篇」が再映された。これは阪東妻三郎主演、日活映画「戀山彦風雲の巻」と「戀山彦怒濤の巻」の二本を編集し直して総集版としたもの。その時に旧漢字のタイトルクレジットを「恋山彦」へ変更をしている。現存の「恋山彦」は、戦後編集し直し改変された題名なのである。

【〇二】片岡千恵蔵主演、日活映画「自來也」は公開日不詳だが改題された「忍術三妖傳」だけが現存している。

【〇三】一九三九年日活嵐寛壽郎主演「江戸の惡太郎」は、東映大友柳太朗主演「江戸の惡太郎」と題名が混同され易い。

【〇四】日活「續清水港」は、改題されて「清水港代参夢道中」となり現存している。

【〇五】一九五四年一〇月一九日公開、大映「風雲兒信長」は、戦前の日活映画「織田信長」の改題した作品である。

【〇六】東宝映画「ハナ子さん」は映像を確認したが「ハナコ　サン」が正しい題名である。

【〇七】日活映画「鞍馬天狗角兵衛獅子の巻」は戦後、東映の前身東京映画配給で再映「鞍馬天狗角兵衛獅子」と改題して現存。

【〇八】一九三八年、月形龍之介主演日活映画は「新撰組」であり「新選組」ではない。

【〇九】小唄映画「弥次喜多道中記」は旧漢字「彌次㐂夛道中記」の表記が正しい。

【一〇】「銀次郎旅日記」（「神戸銀次郎」での題名もある）は、映画渡世地の巻や千恵藏映画など一部の資料でしか知ることができない。日劇で一日のみの公開という珍品。

【一一】東映の前身である東横映画、東京映画配給「レ、ミゼラブルあゝ無情」のポスターを見た。この映画は、第一部神と悪魔、第二部愛と自由の旗の二部作だが、リストもポスター両方共に伊藤大輔監督作品となっている。一九五一年公開らしいが、「レ、ミゼラブルあゝ無情総集版」を観て驚いた。「レ、ミゼラブル第二部神と自由の旗」はマキノ雅弘が監督をしていて、東映の紙資料では、伊藤大輔監督だけと誤記のままである。

【一二】新東宝映画「彌太郎笠前後篇」は、一九五二年一〇月三〇日に同時公開されてはいるが「彌太郎笠前篇」「彌太郎笠後篇」と別々の二本の作品なので注意が必要です。

【一三】やたらと旧漢字にするな！大映映画「續丹下左膳」は映像で確認すると、新漢字で「続丹下左膳」が正しい題名である。

【一四】資料では、東宝映画「遠山金さん捕物控　影に居た男」とあるが、映像で確認をすると「影に居た男」だけの題名が正しい。

【一五】一九六一年一〇月一四日公開、東映ニュー東映「港まつりに来た男」はプレスシートで「港祭りに来た男」と表示されているが、映像では、ひらがなの「まつり」が正しい。

【一六】遺作「藤純子引退記念映画関東緋桜一家」の題名は、「待ってました純子！」と呼ばせるためにか、名前の「藤」を省略して「純子引退〜」とする資料が多すぎます。
●河合映画から大都映画へ社名を替えた作品は、一九三三年（昭和八年）六月二二日公開、市川百々之助主演「稲葉小僧」と甲賀計二主演「悲惨の鐵路」からである。ところが、それまでに戦前の映画を網羅した資料である「キネマ旬報映画大鑑」では、「河合映画」のままである。それ以外でも、同年七月六日公開「結婚五十三次」「日本晴」と同年八月九日公開「山窩の勇者」までの五本は、旧社名の「河合映画」製作配給とある。そして恐らくは、それをそのままに写したのであろう朱通祥男編永田哲朗監修「日本劇映画総目録」も誤記のまま掲載してある。さらにこれに異を唱えたのが日本映画研究の第一人者である御園京平で、少し早い同年六月一日公開「長脇差仁義」と「春雨の唄」から「大都映画」に替わっている。この根拠は、当時の業界紙「國際映畫新聞」の公開リストにある。この御園京平が蒐集した冊子「國際映畫新聞」は、縮刷版がある。
●以前、「大友柳太郎」が「大友柳太朗」と改名したのは一九五〇年六月一〇日公開、東京映画配給（東映の前身）、松田定次・萩原遼監督「闇に光る眼」からと書いた記憶があるが、どうも誤記のようだ。根拠は現代劇初主演で改名かと思ったからである。映像で確認をすると、同年一月三日公開、松田定次監督「にっぽんGメン第二話難船崎の血闘」はまだ「柳太郎」で「闇に光る眼」も同様のようだ。今のところ映像では確認できないが、入手したプレスシートを見ると一九五〇年七月一一日公開、東京映画配給、渡邊邦男監督「天保人氣男妻戀坂の決闘」から「大友柳太朗」になっていることを確認した。以降、「旗本退屈男捕物控前編七人の花嫁」「〃後篇毒殺魔殿」「千石纏」までは「大友柳太朗」である。ただし、同年一一月二三日公開、萩原遼監督「乱れ星荒神山」の表記は「大友柳太郎」のままになっていた。

日本映画の題名は、映像の最初に現れるクレジットタイトルが「題名」である。しかし実際には、マスコミなどの取材記者に製作配給会社から配布される「プレスシート」で公表され、すべてがそれに倣い表記してある。過去のプレスシートは誤記が驚く程に多い。

映画は、当然ながら、製作配給会社が「題名を決定するもの」で、それが「題名」だ！

（もがみ・としのぶ）

デジタル過渡期の映画上映㊱

さようならこんにちは

長谷川康志

今年1月1日16時10分に発生した令和6年能登半島地震。その影響で北陸地方の映画館は臨時休館を余儀なくされた。例えば、金沢のミニシアター・シネモンドは1月2日に《落下物などはあったものの、明日から再開できそうです》とツイート。ユナイテッド・シネマ金沢と同じ3日より営業を再開した。富山県のＴＯＨＯシネマズ高岡と同ファボーレ富山は6日に、石川県のイオンシネマ金沢と同新小松は12日に再開。最も遅かったのは金沢コロナシネマワールドで、1月27日に一部スクリーンを除き再開となった。義援金活動の展開も様々あり、被災地関連作品のチャリティー上映会などが各地で行われたほか、YouTube「東映シアターオンライン」は出身地輪島市の記念館が焼失した永井豪の原作アニメ映画3本の無料配信を2月〜3月にかけて行なった。また、斎藤工発案による移動映画館「cinéma bird」（14年〜）が3月24日に石川県・志賀町文化ホールで開催。避難者を含む地元住民3百名を無料招待した。なお、23年5月5日に珠洲市を襲った震度6強からの復興を追うドキュメンタリー映画『凪が灯るころ』（年内公開）の撮影中、監督の有馬尚史氏が元旦の地震に遭遇。避難所に泊まって撮影を続行したと報じられている。

†

次に、近年では珍しくなった新作のフィルム上映を2つ紹介する。

まず『オッペンハイマー』から。昨年5月の広島サミットのあと、7月21日に全米公開された同作は、今年3月11日にアカデミー賞を7部門受賞。3月29日から、東宝東和ではなくビターズ・エンド配給でようやく日本公開された。上映は通常のＤＣＰのほか、ドルビーシネマ版、ＩＭＡＸレーザーＧＴ版、ＩＭＡＸ版、さらに35ミリ版で行われた。先立つ3月25日19時より、新宿の3劇場で「ＴＯＫＹＯプレミア」が開催され、35ミリ版は１０９シネマズプレミアム新宿（シアター８）で先行上映、29日以降も同所でフィルム上映された。4月19日からは被爆地・広島の八丁座でも35ミリ上映を開始。同館は5月に廃棄予定だったキノトン映写機をメンテナンスして7年ぶりにフィルム上映を行った。この模様は「ＨＯＭＥ広島ニュース」が取材し、「オッペンハイマーをフィルム映写機で」の題で4月13日にYouTubeへＵＰしている。ちなみに料金は新宿のクラスＡでは一般４５００円だが、八丁座は大人１８００円のままである。

二つ目は恵比寿映像祭２０２４（2月2日〜18日）の有料プログラム「8ミリ短編映画特集」で初上映された『クロベニグンジョウシロレモン』について。2月16日と17日に1Ｆホールで上映とＱ&Ａを行なった。当日１０００円。小田香『Lighthouse』、小口容子『アマミノクロウサギとベニテングダケ』、宮田靖子『白々』、崟利子『ヴァンダ12年』（上映順）の4編からなり、計約60分。撮影はすべて8ミリだが、前半2作はデジタル、後半2作がフィルム上映だった。客席後方の通路に置いたエルモから映写した。タイトル通り「色」をテーマにしているが、作品はカラー、白黒、パートカラーとさまざま。IMAGICA Lab. はネガ現像しかできず、リバーサルはレトロ通販に出すため、利用した現像所も各監督まちまちであった。宮田はフジのシングル8しか使ったことがなく、崟は8ミリ撮影自体初めてというから、かなり冒険的な企画だったといえる。

†

ここからはフィルムで撮影された近作を挙げてゆこう。

洋画では『アイアンクロー』『異人たち』が35ミリ、『コール・ジェーン　女性たちの秘密の電話』が16ミリ撮影だった。また、横浜フランス映画祭２０２４（後述）の上映作『けもの（仮題）』は１９１４年パートが35ミリ、２０１４年と２０４４年がデジタル、自撮りはiPhoneと凝った撮影。邦画では三宅唱監督『夜明けのすべて』が16ミリ撮影。前作『ケイコ　目を澄ませて』と同じくKODAK VISION3 500T 7219の1タイプで撮影を行なった。

続いて、フィルムに限らず、やや特殊な上映などをいくつか紹介したい。

国立映画アーカイブ（ＮＦＡＪ）の上映企画「日本の女性映画人（２）」（２月６日〜３月24日）では「九條映子／田中未知」の括りで寺山修司の実験映画３本を上映。観客参加の件の釘打ちパフォーマンスがある『審判』が含まれており、２月16日になって《小型の特殊スクリーンを用いて小ホールで上映します》と会場を大ホールから変更した。舞台中央に白い板を設置、中央ブロック前３列は潰した。映写は常設のキノトンを使用できず、映写室中央にエルモを置いて映写。女性映画人の顕彰が目的なら、無理に『審判』を上映する必要はなかろう。また九條映子は寺山の死を機に今日子と改名、訃報も九條今日子の名で報じられた。映子としか記載がないのは問題だ。

恵比寿映像祭・地域連携プログラムとして、２月１日〜３月２日に中目黒のＮ＆Ａ Ａｒｔ ＳＩＴＥは「ヴィム・ヴェンダースの透明なまなざし」を開催。「Electronic Paintings」12点ほか写真作品を展示し、ギャラリーの隅ではＮＨＫのハイビジョン番組「ヴィム・ヴェンダース イン 東京」（90年・63分）をループ上映。画面が小さい上、展示に配慮して音量も小さく、ほとんど聞こえなかった。

東京日仏学院 エスパス・イマージュでは、２月18日〜25日のジェーン・バーキン追悼上映特集で『ジェーン・バーキンのサーカス・ストーリー』（未公開・ＤＶＤ題）を35ミリ上映。第22回東京国際映画祭（09年）のプリントで、リヴェットの遺作。映画祭題は『小さな山のまわりで』。同館は12年９月より「アンスティチュ・フランセ東京」に改称していたが、23年４月１日から元の漢字表記に戻した。《発音しにくいカタカナに変えたのは間違いだったと思う》とは前・在京都フランス総領事ジュール・イルマンの言。

「ジョナス・メカス展@粟津邸」が3月1日〜31日に南生田の粟津潔邸で開催され、16日『リトアニアへの旅の追憶』、17日『いまだ失わざる楽園、あるいはウーナ3歳の年』を16ミリ上映した。定員25名・参加費2千円。

シアターコモンズ24では、3月7日〜12日にアピチャッポン・ウィーラセタクンのVR『太陽との対話』(22年・60分)を東京初上映。会場は日本科学未来館1階企画展示ゾーンb。一般4000円。国際芸術祭あいち2022の委嘱・初演作。音楽が故坂本龍一で、最後に「FOR RYUICHI」と出た。シアターコモンズは演劇祭だが、コロナ以降はVRに積極的で、21年には蔡明亮の『蘭若寺の住人』を上映した。

3月20日には京都府京都文化博物館3階フィルムシアターにて「日本初70㎜映画『釈迦』の復元に向けた調査報告」が開催された。主催は文博のほかNFAJ、科研費助成事業など。一般500円。冒頭に文博所蔵の35ミリ版を上映した。筆者は不参加。

スーパーテクニラマ70のついでに、万博の大型映像に関する話題を一つ。70年の大阪万博「せんい館」で上映された松本俊夫監督『スペース・プロジェクション・アコ』は、記録版の映像が残されているが、寺嶋真里監督でドキュメンタリー映画『EXPO70前衛の記録〜アコを探して』の企画が立ち上がっている。内容は《神戸・甲南大学の学生が「芸術史」の授業で、EXPO70を調査・研究発表し、新たな視点や気づきを得る》。2025大阪・関西万博での上映を目指し、昨年9月中旬〜11月27日にクラウドファンディングを実施、52万8千円を得た。

†

23年11月30日で全事業を終了した東京現像所(55年創業)。9月7日の「弊社にて保管中のフィルム原版に関するご案内」で《弊社からの連絡に返信をいただけていないもしくは当方から連絡が出来ない、といった返却の確認の取れない原版については、誠に勝手ながら10月末をもって廃棄対象となり、この処分を当社に一任とさせていただきます》と告知した。NFAJへの寄贈の可能性も検討されたが《権利者の承諾がないと不可能》(9月13日・ITmediaNEWS)で、2万作品の行末が案じられたが、結局「全事業終了のご案内」で《権利者の確認できなかったフィルム原版は、今後TOHOアーカイブ株式会社(23年4月5日設立)にて管理いたします》と発表、廃棄を免れた。12月1日より同社は東現のアーカイブ事業全般を承継し、DI事業と編集事業はTOHOスタジオが引き継いだ。そして24年3月1日、東宝株式会社を存続会社とする吸収合併方式で、東京現像所は正式に解散した。

時期は前後するが、今年2月10日〜18日には調布市文化会館たづくり2階南ギャラリーで「出張!映画資料室東京現像所という仕事」(無料・ポスター以外は撮影可)が開催された。取材・調布市立図書館。社旗・社報や年表、館内写真、フィルム巻き返し機、ＤＣＰ等の展示や、同社での現像やタイミングのパネル解説、過去の現像作品のポスターなどが並んだ。

この展示は「映画のまち調布シネマフェスティバル２０２４」（1月26日〜2月18日）の一環で、同じ2階の北ギャラリーでは『映画のまち調布』紹介、俳優サイン展示」と「御意見無用！東映東京撮影所物語 関連展示：知られざる日本映画博覧会」を開催（いずれも2月10日〜18日・無料）。後者は主催・ＮＦＡＪ（令和5年度アーカイブ中核拠点形成モデル事業）で、写真撮影不可。さらに、1階エントランスホールでは「CINE_WORKS展 ‐ 映画制作の世界 ‐」（1月18日〜3月15日）として『空の大怪獣ラドン』の岩田屋ビル再現ミニチュアや『シン・仮面ライダー』『ラーゲリより愛を込めて』の衣裳・小道具などが展示されていた。

†

ここからは映画館の開・閉館を。24年3月20日、1スクリーン40席の小田原シネマ館が開館。

3月31日、仙台のチネ・ラヴィータ（04年6月開館・2スクリーン）が《賃貸借契約の満了に伴い》閉館。運営のフォーラムシネマネットワークは、今後はフォーラム仙台に営業を集約するとしている。

次に映画祭を振り返っておこう。

横浜フランス映画祭２０２４は3月20日〜24日まで横浜ブルク13で開催。恒例の12月から会期を変更した。

イタリア映画祭２０２４は5月1日〜6日に有楽町朝日ホールで開催。ゲストは監督のみ8名で、うち女性が3名。満席の回はなし。大阪に巡回。

4月2日、第32回レインボーリール東京は、例年7月開催を《諸般の事情により》数ヵ月延期すると発表した。

†

24年1月30日、映連は23年全国映画概況を発表した。公開本数１２３２本と19年以来、2度目の１２００本超えで、内訳は邦画６７６本、洋画５５６本。国内スクリーン数は３６５３。入場人員約1億５５５４万人で、全興行収入は約２２１５億円であった。邦画・洋画それぞれの興収上位10作品（計20本）で全興収の51％を占める。

試みに、21世紀最初の年＝01年と比較してみよう。公開本数６３０本、スクリーン数２５８５、入場人員1億６３２８万人、全興収約２００２億円であったから、公開本数はおよそ倍に、スクリーン数は1千以上増えたにも関わらず、映画館人口はほぼ横ばい、興収が増えたのは入場料の値上げ分だけと言える。フィルムからデジタルに移行して公開本数が倍増しただけ、薄利多売の傾向が深まった。言い換えれば、一本一本をいっそう粗末に扱うようになったということだ。映画をデータと捉え、コンテンツや映像資源と呼び替える不遜な態度は、創造に対する侮辱であり、歴史に対する冒瀆でしかない。デジタル社会はこういった他者への敬意の欠如の上に築かれているということに十分留意すべきだろう。

（はせがわ・こうし）

旅行映画《トラベローグ》とは何か
バートン・ホームズの幻景

藤元直樹

スライド・ショー・アット・カーネギー・ホール！

バートン・ホームズ（一八七〇〜一九五八）といってわかるだろうか。十九世紀末から二十世紀前半に活躍したアメリカの「旅」芸人、今日の旅行系ユーチューバーの御先祖様である。

旅の体験をトラベローグと銘打って各地で講演して回ったわけだから、旅系旅芸人と言うべきかもしれない。

お伽噺の講演等、語り聞かせに注力したことで知られる久留島武彦は一九一一年から翌年にかけ教育に関する視察で米国に赴き、ホームズの南米旅行を主題としたトラベローグを見て、「米国通俗教育の実際」〈藝備教育〉一〇七号、一九一三年三月、「米国に於ける通俗教育」『通俗教育施設方法講演集』国定教科書共同販売所、一九一三、「通俗教育心得の一斑」『通俗教育施設に関する講演集』神奈川県教育会、一九一六と、各地の講演でその様子を伝えた。

「米国に於ける通俗教育」で紹介されたものを句読点を補って少し引く。

「今年は諸君を南米の方に御案内仕たい、と云ふと紐育の埠頭で、吾々の荷物を運ぶ所から」はじまり、船室を決め、デッキに上がってニューヨークの市中を眺めていると「何時か知らぬ間に船が進行を始めて居る。丁度自分が船に乗つて居るやうに感じがする。船の進行に連れて日没を告げて漸く、大西洋方面に落日が紅く彩つて居る」といった作り込まれた導入部に心を奪われたところでブラジルに到着、「丁度、自己が現在目撃して居る如く思はるる。斯の如くにして幻燈とか活動を見て居る間、吾々は丸で旅行して居るやうだ。是れが済むでホツト息を吐いた時には、紐育に帰つたやうである」

　鮮明な画像と、滑らかな切り替えの妙によって、トラベローグは講演というよりVR体験として観客に感興を与えていたのである。

　久留島による、ビジネス・モデルの側面も含めた文部省への報告が「米国に於ける通俗教育の状況」『帝国教育』三五九号、一九一二年六月に見える他、〈雄弁〉の一九一二年五月の「米人の聴講趣味」、一九一三年七〜八月の「米国に於ける通俗教育」（『通俗雄弁術』広文堂書店、一九一六に収録）でも、この聴講体験は語られている。

演題に合わせてコスプレするバートン・ホームズ。ホームズは取り上げた場所に合わせた民族衣装で登場。それが風土とどの様に関わっているかという切り口から講演を始めていたという

　これが、単なる話芸だったとすれば、あっさりと忘れ去られていたはずだが、写真（幻燈）と映画を駆使しマルチ・メディアでその活動が展開された結果、その素材が残り、映像作家として後の世に再発見されることになったといったところだろうか。

　日本での再発見は、一九七三年。商才に長けた岡山出身のショーン・デール（純日本人だというから、この名前は本名ではなく営業用の通名だと思われる）がバートン・ホームズ写真の面白さに着目、その売り込みで、〈週刊読売〉のグラビアでの紹介と、展覧会が実現している。

　翌年には読売新聞社から横尾忠則の装丁でカラー・ドキュメントと銘打たれた二冊のバートン・ホームズ写真集『日露戦争』（以下『戦争』）『日本幻景』（以下『幻景』）が刊行される。これは日本におけるムック（既に死語になっていそうだが、マガジン＋ブック

からの造語で視覚的要素に力を入れた雑誌に近い単行本を指す）出版の嚆矢だという。

　着色された、いかにも「映える」写真であったことも手伝い、デールの目論見通りバートン・ホームズの名は一気に高まり、一九八七年にも新たな展覧会が実現するが、その後、再び次第に忘れられていっているのが現状である。

　ＡＩによる白黒写真のカラー化や、占領期に遡るカラー写真の発掘紹介が盛んに行われている今日、その着色写真にも改めて光が当てられそうなところだが、研究が盛んになっている様子はない。占領期のカラー画像というのはスライドが主体であり、それを投影して追体験するという営為は、トラベローグの家庭化とみるべきだろう。ホームムービーの祖型として映画館体験は無視し得ない。同様に、ホームスライドの基底にあるものとしてトラベローグにも目を向ける必要がある。

　また、社会と写真の関わりについての研究素材として脚光を浴びていてもおかしくないのだが、写真史で殆ど取り上げられて来なかったのは、芸人性が邪魔になっているのだろうか。

　旅行談でカーネギー・ホールを埋めていたホームズはユーチューバーの魁というよりも、スライドショーで武道館公演を実現させたみうらじゅんの先祖と見るべきかもしれない。

　オーセンティックではない、盛ってナンボのショーマ

満場の観客を前にしたホームズ。これは一九四六年、二千人以上を集めたシカゴ・オーケストラ・ホールでの模様

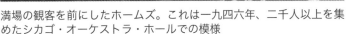

ンシップがその取り扱いを難しくしているのかもしれないが、埋もれさせておくには惜しい存在だろう。

講演ツアー以外では、一九〇一年から一九〇三年にかけて、全十巻の書物、Burton Holmes lecturesを、ミシガン州のリトル・プレストン社から刊行している。これが、一九〇五年にマクルーア社から再刊され、一九〇八年にBurton Holmes travelogues と改題、一九一〇年に二冊を追加した全十二巻本に姿を変え、ある時期までは読まれ続けていたようだ。

バートン・ホームズの代名詞ともなっているトラベローグは、ホームズ以前に用例がないわけではないが、彼の活動によって定着した語といって良い。一九〇四年末からその講演活動をトラベローグと銘打つようになっているが、一九〇五年の再刊時に改題がされていないのは、出版社の保守性の現れとみるべきかもしれない。

映画界のホームズ

ホームズ映画の販売がいつ頃からはじめられているか確認できていないが、明治期に既に日本に輸入されている。梅屋庄吉の『活動写真―百科宝典』一九一一年一二月は実写物映画のカタログで、これにバートン・ホームズがオスカー・B・デピューと組んで撮影した六本の映画（愛蘭の風色）Features of Ireland／諾威の汽車旅行 A Railway Trip through Norway／ティロール山中の鉄道旅行 Railway Trip in the Tyrol／イェローストーン国立公園（合衆国ワイオミン州）Yellowstone National Park／現時のクロンダイク The Klondyke of To-day／キャリフォルニヤの美観 Beauties of California）が掲載されている。

「諾威（ノルウェー）の汽車旅行」の説明には「欧州の辺陬なる諾威国は、未だ嘗て活動写真技師の足跡を印せるの験なし、今両氏は遠くこの境に入りて多大の成功を収め…」とあり、秘境扱いされているところが面白い。

バートン・ホームズの映画は、今日的にはドキュメンタリー映画に類別され、教育映画として流通しそうなところだが、劇映画が発達、定着する以前の見世物性の強い初期の映画界においては商業映画の範疇に収まっており、劇場で公開され、教育現場は主要な市場と見られていなかったようだ。

『米国教育映画一班』（社会教育叢書第21輯）文部省

普通学務局、一九二九は、教育における映画利用についての参考資料としてDon Carlos Ellis とLaura Thornborough によるMotion pictures in education: a practical handbook for users of visual aids（1923）を抄訳したものだが、中に著者がバートン・ホームズのライブラリーから再編集して教材映画を作っている話が出て来る。つまり、ホームズの映画は、そのままでは教育現場では使えない物だったことになる。

感覚優先で見世物性の高い作品と見えたのだろうか。どのような点が問題視されていたのか、気になる所だ。

ホームズの存在感は、一九一五年末にパラマウントと契約が成ったことで飛躍的に拡大する。パラマウント・バートン・ホームズ・トラベル・ピクチャーズと題された短編映画シリーズは一九一六年一月から一九二二年一月まで週刊ペースで公開され、広告として、間断なくホームズの名が、新聞紙上に現れている。

〈キネマ旬報〉一九三八年一月二一日号の田中三郎「旬報えとだんぎ」に「昔松竹の外国部に勤めてゐた頃荷物が入ると飯田心美君と二人で真先きにニュース・リールやバートン・ホームズの紀行シリーズを取出して試写したことを想ひ出す。商売上では一巻物は全プロのおまけのやうなもので金にもならんものをそう入れてはと部長の東健而が時々重役に文句をいはれてゐた。短篇全盛の当今、東さんが俺のすることはみんな一時代早すぎたとお墓の下でまた苦笑してゐるであらう。」と見え、日本にもある程度入っていたはずだが、添え物の映画であるため広告されることも少なく、日本では、その名前がブランド化することはなかったようだ。

一九二三年四月の〈京城日報〉に掲載されている中央館の広告に「四月五日より…パラマウントバートホルムス映画◯実写東洋と西洋全一巻」と見えるのは珍しい例かもしれない。

パラマウントでのリリース状況は、burtonholmes.org サイトのバートン・ホームズ映画小史に、ほぼまとまっている。

一九三〇～一年にはMGMと契約し、トーキー作品のシリーズ Around the World with Burton Holmes を発表する。この中で日本を扱った一篇がThe Glories of Nikko である。リリースの間隔からすれば、新撮ではなくストックされていたフィルムを再編集して製作されたものだろう。

他に、小型映画としての頒布もあり、金城商会の一九二八年の広告に「バートンホルムス」を扱っていたことが見える。一九七四年の再評価の際にも東宝の八ミリ映画ホームライブラリーから「十九世記驚異の記録」（全二巻二〇分）が出ていた〈キネマ旬報〉一九七四年六月一五日に宇野真佐男による紹介がある）。

また、ホームズの影響力を評価し、利用しようという動きも生じている。内閣情報部が参考資料として訳したレオナード・ドウーブ『宣伝の心理と技術』一九三九（一九四四年に春日克夫訳『宣伝心理学』彰考書院も同一原書に基づく。訳文は、情報部訳とかなり似通っているように思われる。）には、「シュミッツ氏は汽船会社がバートン・ホームズ及びアメリカ新聞人その他に対して取計つた無料渡航を承認した。何故かと云へば、これ等のアメリカ人達が、ヒットラー党に改宗して独逸から帰つて来ることを冀つたからである。」というくだりがある。

日本ではイメージ戦略というよりも、インバウンド需用喚起の方面に期待が寄せられたようで、在米日本人から、ホームズへの働きかけを提案する声があがっていた。それを受けてのことであろうか、国際観光協会の『昭和七年度事業報告』に「バートンホームス氏宛配給せるもの△三十五粍（無声）日本風景風俗　七一〇米」が映画に由る宣伝の一例として記録されている。

ハリウッド・ウォーク・オブ・フェームにも名を連ねた人物でもあるのだが、結局のところ日本では一般的な知名度を得ることのないまま世を去ったということになろう。

七〇年代の再発見の功罪

同時代の記憶がないため、ブームといえるほどの動きがあったかどうかは不明だが、一九七三年からの一連の紹介によってある程度、知名度の高まりがあっただろうというのが筆者の見立てである。

読売新聞社がらみ以外では一九七四年四月に〈都市住宅〉が「バートン・ホームズ・コレクション」の特集を組み、鈴木博之と玉井哲雄によるセレクション、解説で二〇点の写真を掲載し、藤森照信の「バートン・ホームズ写真から鬼神論へのラフ・エチュード」という小論を付している。その翌月の〈芸術生活〉は「旅行家バートンホームズが撮った明治の天然色写真」として写真を一三点、小山昌生の解説「バートン・ホームズの〝旅へのいざない〟」と荒木経惟の「スーパー・レアリズムの先駆者」を掲載。

彩色されたホームズ写真の図像を目にする機会は、他にもあったかと思われるが、バートン・ホームズを扱った文章は、これらの特集記事を除けば、読売新聞社から出た二冊に掲載された、小山昌生「バートン・ホームズの写真」（『戦争』）、「ホームズにおける〝旅〟という表現」（『幻景』）でほぼ尽きる。

一九八七年に読売新聞社の主催で、日本関連以外の写真を含めたホームズ写真の展覧会「バートン・ホームズコレクション激動の明治大正写真展―日本と世界の風俗―」が催行され、その紹介記事として〈アサヒカメラ〉五月号に小原良博「バートン・ホームズ 驚異の旅行写真家」、〈美術手帖〉七月号に飯沢耕太郎「バートン・ホームズ 眼の遊歩者」が出る。

この後に見えるホームズ関連の文章として確認できるのは、『写真明治の戦争』筑摩書房、二〇〇一に収められた福島武「バートン・ホームズの写真」ぐらいで、岡部昌幸『すぐわかる作家別写真の見かた』東京美術、二〇〇五に「バートン・ホームズ―世界を飛び回ったトラヴェローグの創始者」の項目があることは珍しい例だ。岡部は八七年の展覧会図録（以下『図録』）に「バートン・ホームズの生涯」という解説を寄せており、なんらかの思い入れがあったのかもしれない。殆ど研究対象とされてこなかったホームズのイントロダクションとして同書は貴重である。

さて、日本で言われているホームズの経歴に日露戦争従軍がある。ホームズのアーカイブに日露戦争写真が存在することから、これが他の物と同様、彼が撮影したと判断された、あるいはそう見なすことがホームズの商業的価値を上げると考えられたことから、従軍写真家ホームズという言説

『日露戦争―バートン・ホームズ写真集』読売新聞社、一九七四年。
カラー・ドキュメントと謳われた彩色写真集、ただし本文に示した通りホームズが従軍して撮影した写真という解釈は誤りである

は維持されてきた。だが、ホームズは旅行家であってジャーナリストではない。

ホームズが語ったのは旅行談であり、戦争を主題とした講演はほぼ無い。日露戦争開戦時に「朝鮮」をテーマとした講演があったが、戦争が語られているのではなく、その舞台となる場所の地誌が説明されているのである。

戦時中に「ロシア」「日本」テーマの講演があったが、いずれにおいても、講演の補遺として戦争の話題への言及もあったというのが実態のようだ。

戦争終結後に、一度、Port Arthur（旅順）が演目とされたことがあり、その為に集められ、彩色されたものがコレクションに残されている戦争写真だろう。

『日本幻景―バートン・ホームズ写真集』読売新聞社、一九七四年（二刷）。総天然色が謳われた彩色写真集。なぜか初刷と二刷で表紙が異なる。二刷の方がレア？

『写真明治の戦争』で福島武が「この写真がどのように撮られ、また蒐集されたかは知られていない」とするのは、ホームズ撮影でない可能性を匂わせる意図があったのだろうか。もっとも写真のキャプションは全てホームズ撮影と記されている。

同書所載の「旅順攻防とステレオ写真」で井上光郎も指摘するが、実はホームズ写真と同一構図の写真がUnderwood & Underwood 製のステレオ写真の中に存在している。バートン・ホームズ・コレクションの日露戦争写真は複数のソースから集められたと考えられるが、その主なものは同社の為にジェイムズ・リカルトン（一八四四〜一九二九）が撮影した写真と見るべきだ。

また、福島はホームズ写真の企画がデールから読売に持ち込まれたこと、それを受けての写真集製作にあたっては同社の酒井堅次氏がカリフォルニア大学へ赴いたこと、東京へトランクいっぱいのガラス乾板が運ばれ、平田一八氏が複写したことを記している。

〈週刊読売〉で岡山出身の青年として紹介されたシ

ヨーン・デールの経歴は明らかではない。ただ、ネットにあるゲーム会社サクセスの吉成隆杜社長インタビューで、純日本人ながら英語に堪能で、商売のために米国籍を得、日米の情報格差を利用して大成功し「10軒以上の家を持っており、ハワイとロサンゼルスには別荘があり、飛行機もヨットも所有しているという絵に描いたようなお金持ち」となるも、商売の失敗で財産の大半を失ったとされていることからすれば一筋縄ではいかぬ人物とみるべきだろう。

ホームズ写真を掲載した出版物にはデールもしくはデールの会社であったと思われるCBRがクレジットされており、日本における独占的な利用権の保持者であることが主張され業界的に認知されていたようだ。

デール自身も個人で三千点のホームズ写真を手に入れ、一九八八年に比叡山に「摩訶止観」というギャラリーを設け、展示するとともに、レーザーディスクによる写真集を企画していたという。一九九〇年の花と緑の博覧会の花博写真美術館パビリオンの写真データベース企画に、このコレクションが収録されたのは、おそらくその延長線上にある。万博あわせで電子化されたコレクションを使った商売が当然企画されていたはずだが、これ以降目立った動きがないことからすれば、この時期に一線を退くことになったものか。

以降、日露戦争写真が時折、引用される程度でその知名度は低下して行く。

もっとも明治期に活躍した写真家、例えば下岡蓮杖、日下部金兵衛、小川一真といった面々が一般的に知られているかと言えばホームズと大して変わらないともいえるのだが。

ともかく、カリフォルニア大学に残るフィルム乾板、またジョージ・イーストマン博物館が受け入れたという映画フィルムについての日本研究者による学術的な調査が実施された様子がないのが気にかかる。

後者のデータベースにはNokkaido (Ainu) なるタイトルで整理されているフィルムがある。現物に付されたメモをそのまま転記するという方針で目録が採られているかもしれないが、落ち着かない。

カタログの詳細化と、日本でその全体像を参照できるよう関係機関に動いてほしいところだ。

また、日露戦争写真以外でもホームズ写真が不適切な形で紹介されている例が目につく。

『南中部の祝事―誕生・婚姻・年祝い』明玄書房、

一九七七所載の小沢秀之「山梨県の祝事」は幻景・図録の婚礼写真と同一の写真を図13、図14に掲載、甲府市太田町望仙閣で明治二三年に米国人バートン・ホームズが撮影したものとしている。この図14の写真はさらに「明治・大正時代の婚姻様相」『甲府市史別編一（民俗）』甲府市、一九八八にも写真3として掲載され同様のキャプションが付されている。

しかしながら、ホームズの初来日は一八九二年すなわち明治二五年であり、間違いなく二三年の事象が撮影されているのであれば、別人による写真がホームズの手に帰していたことになる。もっとも一番あり得るのは、二三年の出来事に無理やりホームズ写真を当てたということだが。

『教育者ラフカディオ・ハーンの世界』ワン・ライン、二〇〇六でホームズ写真を一九二一年頃として示しているのも、ホームズに関する知識の欠落から生じたものだろう。ホームズが八雲関連の写真撮影に来日したのは一九二二年である。小泉時・小泉凡編『文学アルバム小泉八雲』恒文社、二〇〇〇では、その年代が正確に伝わっているにも関わらず、このような曖昧な記述となっているのは不可解だ。

十度の来日

世界各地を巡り続けたホームズは、一九三二年までに十回日本を訪れたという。これらについてその年代と、各訪問時に於ける旅程が確定できれば、細かな撮影データが一切残っておらず、現状では、資料として利用しにくいホームズ・コレクションの写真やフィルムの撮影時期と被写体の特定にも役立つはずだが、その方面の探求にはほとんど手が付けられていないようだ。

有料の米国新聞データベースが活用できれば、もっと精緻な調査が可能ではないかと思われるが、取りあえず、ウェブと図書館で調べられたものを以下に示す。

【一】一八九二(明治二五)九月一三日「エンプレス・オブ・ジャパン号」で来日。一八九三年一月六日「エンプレス・オブ・ジャパン号」で離日。

【二】一八九九年五月二二日「エンプレス・オブ・チャイナ号」で来日。フィリピンを回って八月末帰米。

【三】一九〇一年シベリア鉄道取材の帰途立寄。九月二一日「コプティック号」で離日。

【四】一九〇八年三月二七日「サイベリア号」で来日。

【五】一九〇九年六月九日「コレア号」で来日。朝鮮取材後シベリア鉄道でモスクワへ。
【六】一九一三年四月一日「コレア号」で来日。七月三〇日「サイベリア号」で離日。
【七】一九一七年、豪州、中国、朝鮮を経て、七月来日。
【八】一九二一年四月四日「エンプレス・オブ・ロシア号」で来日。小泉八雲関連の取材で日本各地を巡った後、中国取材のため離日。帰途、一時立寄。
【九】一九二五年七月タイ、シンガポール等を取材した後、立寄。七月三〇日「プレジデント・グラント号」で離日。
【十】一九三二年四月二四日「エンプレス・オブ・ジャパン号」で来日。

昭和一〇年代の写真が存在することから、これ以降の来日もあったはずだが、取りあえず、これらについてわかることをまとめていく。

一八九二年の初来日【一】に関しては、旅行講演の先達ストッダートと往路の船で乗り合わせて、様々なアドバイスを受けたこと、日本の手彩色写真に注目し、帰国後それを利用したカラー映像による講演で人気を得たことが知られるが、実見できた告知広告類からは、桜・富士山・芸者の美といったものが主なコンテンツだったということ以上の詳細はつかめない。補遺的に日清戦争の図像が示されたことも記録に見えており、後年の日露戦争写真以外の戦争写真もコレクションに含まれていたはずだが、これは現存しているのだろうか。

当初十巻で刊行されたホームズの旅行記（レクチャーズ／トラベローグ）の版権表示は一九〇一年となっているが、同年中に刊行されたのは最初の六冊で、日本編の刊行は一九〇三年になったようだ。そこからすれば、三度目の来日までの情報を盛り込むことも可能だったはずだが、初来日時の体験を語ったという形式をとっており、これが初期の講演内容を伝えていると考えて良いのかもしれない。地方篇で横浜から日光、男体山、伊香保、榛名山と回り、最後に天竜川下り。都会篇で東京、鎌倉、江ノ島、富士山、京都、奈良、宮島の旅が語られている。これは果たしてどこまで実際の旅程に沿ったものだろうか。

一八九七年に講演に幻燈の操作者として協力していたオスカー・デピューが映画撮影機材を入手し、以降、ホームズの取材・講演に映画が加わる。書籍中に見える連続写真は二度目以降の来日時に撮影された映画からのものということになろう。

一八九九年の再来日【二】は帰国後「日本再訪」の題

で講演化されている。記事によれば一七本の映像記録があり、芸者の踊り、人力車群、仏式葬儀、市中風景が含まれ、また、日光についての話があったとされる。新橋駅の画像も示されたというが、これは映画か静止画かは判然としない。この旅行から生まれたもう一つの講演「マニラ」についての記事からフィリピンへは長崎経由で移動したようだ。

一九〇一年の来日【三】はシベリア鉄道取材の帰路に立ち寄った際のもので、ロシアではアルバート・ベバリッジ(Albert J. Beveridge)上院議員の訪露団に同行し、トルストイへの取材も実現している。ただしトルストイを撮影した映画フィルムは大統領選出馬時に、ネガティヴ・キャンペーンに利用される懸念があるとして廃棄させられたといわれる。デビューは、アムール川の取材後、ハバロフスクからウラジオストックを経て長崎に行き、そこから再び海を越えて釜山、ソウルと朝鮮を訪問、更に北清事変が落着した北京に入り、芝罘から長崎に戻って鉄道で東京入りし、日本でも撮影したとしている。

なおその後の帰国の際、日本から乗船した「コプティック号」にはアーネスト・フェノロサも乗り合わせているが、どのような交流があったかは不明だ。

朝鮮半島への映画伝来の初期の様相は、韓国映画史においても関心の高いところであろう。その中の話題の一つにバートン・ホームズが宮廷に映画を持ち込んで上映したという話がある。七~八月頃にホームズが機材と共に同地を訪れていることは確かなのだが、旅行記中の記述以外の具体的な記録は見つかっていないようだ。

この旅から戻った後にはじめて講演の主題として朝鮮が取り上げられ(「朝鮮の首都ソウル」)ていることから、同地への訪問はこの時が最初であったと見て間違いない。ホームズの朝鮮行を一八九九年とするもの、また一九〇一年としていても五月の出来事として記述した論考が正しくないことについてはある程度共通理解が得られるようになって来たようだが、注意を要するところだ。

コロンビア大学に留学した動物学者の谷津直秀は、一九〇五年の暮れにイタリアのナポリへ赴き、翌年の前半をその地でのクラゲ研究に費やしている。その際、ニューヨークからの船でバートン・ホームズと乗り合わせたことを次の様に書き残している(『母の愛之進化』警醒社書店、一九二〇)。

「米国の英文学者ですが職業として各地を旅行して活動写真を写し、それから見たこと聞いたことを帰つて講演をするのです。日本にも三度来たと云つてゐました。此人の面白いことは他の人と違つて旅行記とか案内記とかを一切読まないで只自分の感じたままを話すことです。」

ホームズはそのままエジプトまで足をのばして取材活動をしていたようだが、一九〇六年四月のヴェスヴィオス山噴火の際にはナポリに滞在しており、多くの写真と溶岩流の映画を撮影している。なお、谷津も専門外ながら研究心を起こし、八回も火山周辺を訪れ写真も撮ったという。

京都四条大橋の先に翻る南座の活動写真広告旗

一九〇八年の来日【四】に関しては、防衛研究所に「米国人鎌倉其他撮影の件」、外交史料館に「米人ホルムス鎌倉地方撮影方願出ノ件」が残されている。ここから、鎌倉、江ノ島、宮島、天橋立、長崎港内の撮影が計画されていたことがわかる。この一件は、四月一七日に外務省が接受、翌日付で陸軍省に回り、二二日付の同省回答をもとに二七日に具体的な指示が米国大使館宛に発信されており、これに従って動いたとすれば、五月にこれらの地をめぐったということになりそうだ。

この来日の成果を反映した一九〇九年二月の二つの講演については詳細なプログラムが『Bulletin of the Brooklyn Institute of Arts and Sciences』に掲載されている。「古き日本の今日」「新しい日本（近代日本／日本の庭）」と題されたそれらは、以前の来日時に集められた画像も併せて、旅程とは無関係に再構成されているが、時事的な話題が入っていることから、旅程の一部が窺える。

ホームズは来日後、日光に赴き四月八日の栃木を中心

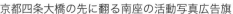

とした春の大雪に遭遇している。

講演会場の冷房装置が未発達だったためか、基本的に夏場に取材、冬場に講演というサイクルでの活動を通例としており、冬季の来日は初回を除いて確認できない。日光についてのみ雪景色の写真が残されていることに違和感があったが、この時のものと見て間違いないだろう。

また一〇日に葬列の出た「有栖川宮皇子の葬儀」がプログラムに見えることから、交通手段が回復したところで直ぐに東京に戻ったようだ。

その後、関西に出かけていたことは、四条大橋の写真(『幻景』90『図録』227)から導かれる。画面の中心に見える横田商会の広告旗の「羊之片足―可憐兄弟」が『近代歌舞伎年表京都篇』のおかげで四月一五～二六日の演目であったことが判明するからである。同書に採録されていない〈京都日出新聞〉の記事を引いておこう「四条南座にて本日より開場する横田商会の活動写真は最も新式の機械を用ゆる由にて四間四方の大きさに映るとか呼物の写真は「羊の片足」「可憐の兄弟」「楽譜の奇術」など」(一五日)。楽譜の…はメリエスであろうか。

〈京都日出新聞〉によればこの春の観光シーズンの京都には三百人近い外国人旅行客が押し寄せていたとされ、ホームズもその中に埋没したものか、紙面からその動静を追うことは困難である。唯一、その名を見つけられたのが「島原の賑ひ」という太夫道中の模様を伝えた記事で「横田商会の米国本店の技師デフユー、ホームスの二氏と横田商会主と三人にて道中の寛濶姿を活動写真に取て本国へ持て帰るとの事なりき」(二三日)と見える。

エレン・M・H・ペック(Ellen Mary Hayes Peck)は、ほぼ同時期に京都に滞在しており、その旅行記Travels in the Far Eastにホームズと夕食を共にしたことが出ている。

この時期、天候は不順だったようだが、大阪、奈良のショットは、この時に足を延ばして撮影したものだろうか。「ミカドの娘の結婚披露」という映画が撮られていることから四月三〇日の竹田宮(恒久王)・常宮(昌子内親王)の婚儀の際には東京に戻っていたことも判明する。

日本の後に中国に渡り、七月には香港経由でジャワ島を訪れていたようだ。

帰国後の講演では、日光のショットが世界で初めて積雪を捉えた映画、宮島のショットが世界で初めて潮の干満を捉えた映画と謳われているのだが、降雪の映像がこの年代まで撮影できていなかったというのは考えにくい。おそらく、これはコマ落としでタイムラスプ的に情景の変化を伝えた映像を世界初と喧伝したものだろう。デビューは一九〇二年に「高速度撮影」の技法を編み出し、これを「クレイジー・ピクチャー」と呼んでいたという。最初の作例である七つの閘門を通り抜ける汽船の映画はチャールズ・アーバン経由で非常に売れたとされる。

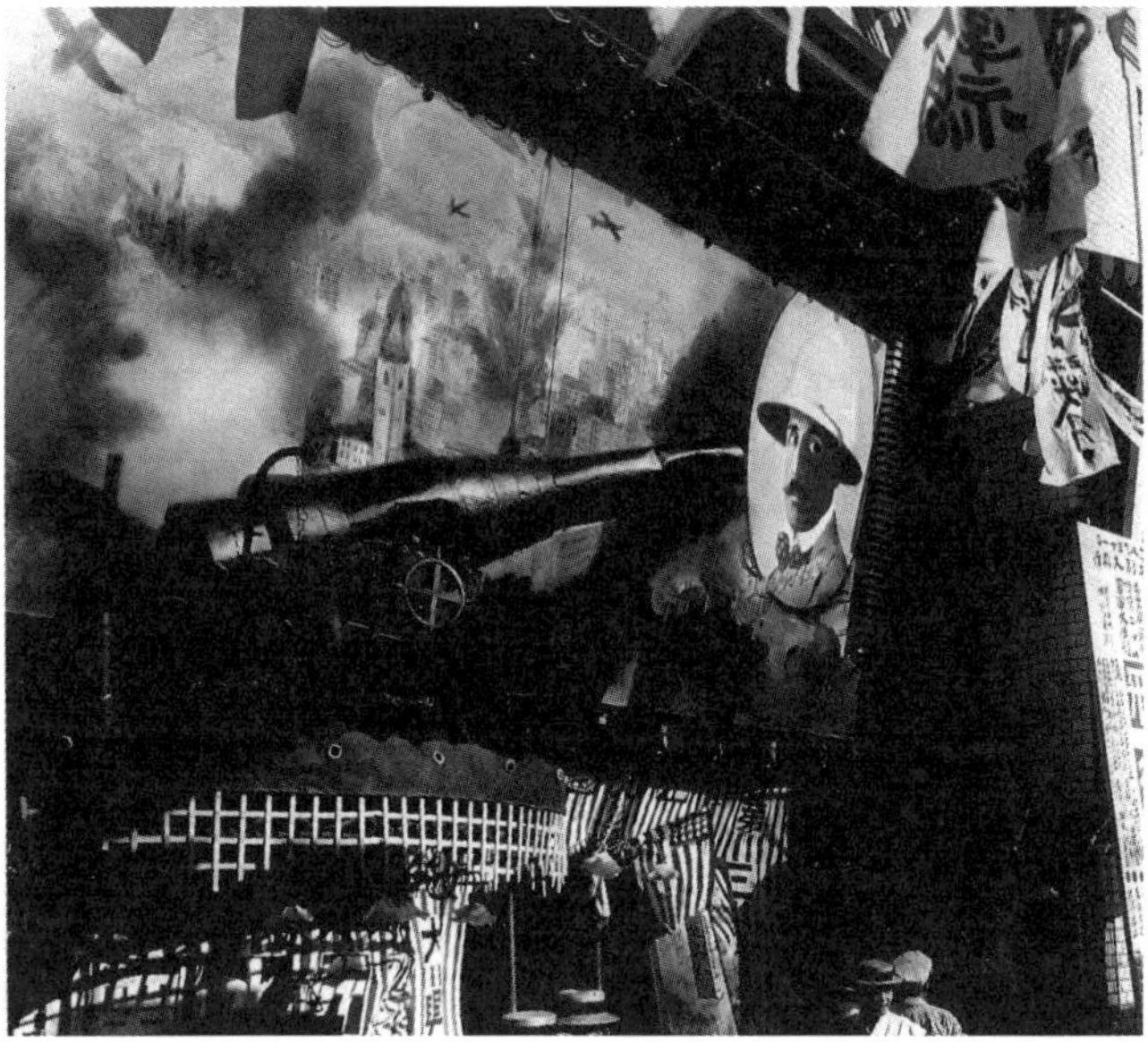

京都新京極の帝国館にしつらえられたD・W・グリフィス製作ジョン・B・オブライエン監督作品『飛行水雷』の宣伝オブジェ

一九〇九年の来日【五】についての情報は殆ど得られていないが、「世界を回る二つの方法」と題したシベリア鉄道とスエズ経由の海路を対比する一九一一年初頭の講演で、祇園祭と高野山の話題が取り上げられており、これらがこの取材旅行の成果であろう。

一九一三年の来日【六】についても、ほとんど情報が得られていない。帰国後に作られた講演が「朝鮮の日本」と題されていることからすれば、直ぐに朝鮮半島へ移動して、日本の進出ぶりの取材に注力しているのであろうか。

続く一九一七年【七】から同行する映画カメラマンがデピューからカウリングに変わっている。豪州取材の後、中国を経て日本に来ているのだが、その前に第一次大戦で日本領となった南洋諸島の取材もあった。

九月五日の〈大阪毎日新聞〉に京都に来ていたホームズ一行を取材した記事が見える。

「数日前に京都都ホテルへホルムス氏と云ふ米国人夫妻が技師のコーリングス氏同伴で投宿し朝から晩迄彼方此方と活動写真を撮り歩いて居る此一行は本年三月に米国を出発し布哇から豪州、支那、朝鮮を撮つて七月上旬に日本に来り先づ富士登山を撮影それから北海道のアイヌ生活、台湾の蕃人、農家の生活、漁民の地曳網、京都では錦林小学校生徒の遊戯を撮影し此等の写真を持帰つてホルムス氏は米国で「旅行公演」といふものを遣るので同氏特約の小屋が各都市に廿五箇あるさうな…」

九月の頭に京都に滞在していたという事実から、夷谷座を撮った写真（『幻景』92『図録』225）がこの時の物と確定でき、さらに砲台の作り物を外壁に飾るD・W・グリフィス製作のジョン・B・オブライエン監督作品『飛行水雷』上映中の映画館（『幻景』93『図録』288）が新京極の帝国館であったことも特定される。

〈外交時報〉一九一八年五月号の神田正雄「米人の観たる日本」に、この旅行の成果を伝えた講演の様子が語られている。

「バートン・ホルムス氏は日本研究に於て米国の権威者として認められ、氏は二十五年前初めて日本に渡航して以来昨年第六回目の訪問を為したる熱心者とて本年一月紐育カーネギー・ホールに於て為せる講演は確かに傾聴の価値あり、二十五年間に変化発達せる日本の状況を紹介して遺憾なかりき、氏は横濱埠頭の今昔を比較せる幻燈画及び活動写真を以て最初に公衆の咸興を惹き、更に東京中央ステーション及び三菱ヶ原の建築物は新日本の代表なりとの光景を示し、三越呉服店、白木屋呉服店其他日本橋通りの現状を写せる活動写真に偽らざる東京の状況を写し、局面を転じて奥羽及び北海道に於ける一般人の生活状態及び温泉場の光景、農家子女の労働の状況、沿海漁家の風俗に至る迄精細に写し、更に日本芸者の日常生活を逐一活動写真にて示し、好奇心強き米国人に多大の歓興を与へたり、講者ホルムス氏は日本に多大の同情を有し、其の説く所も野卑に流れず、物質方面に顕はれたる日本紹介として最も適したるを感じたり」

一九二二年【八】は新たに出版される小泉八雲＝ラフカディオ・ハーン作品集を飾る写真図版撮影を主要な目的としていた。もっとも松江に赴くまでには時間があったようだ。現存する当時の〈山陰新聞〉では、ホームズの動静はよくわからないのだが、松江市史編纂のため資料調査をしていた村角紀子が見出した桑原雙蛙の回想「八雲先生離松後の30年」（〈山陰新報〉一九五四年一〇月三日）によれば、来松は五月一三日となっている。

この時の旅行をもとにした講演は「ラフカディオ・ハーンの知られぬ日本」題されていた。ニューヨークのジャパン・ソサエティは、一九二三年二月六日、このプログラムを会のイベントとして招聘している。

日本にチャペックの『ロボット』をいち早く紹介した宇賀伊津緒が、この日の様子を記録していた。

「ホテルを出て一緒に日本協会主催の小泉八雲（ラフカデオ・ハーン氏）に関する講演を聴きに出掛ける、講演者はバートン・ホームス氏だ、タウン・ホールの会場は大部米人で一つぱいだ。

同協会会頭タフト氏の挨拶があつて、バートン・ホームス氏が紋付羽織の日本服に白足袋、表付下駄といふ瀟洒たる姿で舞台に表はれ、日本を了解するにはその風俗習慣を知らなければならない、例へば現に自分が着てゐるこの着物に於て既に米人のそれと趣を異にしてゐると口を開いて、先づ紋から始めて、羽織の表裏、足袋、下駄と説明して下着の模様入長襦袢を見せ、最後にこれが即日本の礼服で、日本紳士は上着より下着によりいいものを撰んで着るといふ卑近な例から押して見ても、日本人が如何に謙譲な徳を持つた奥床しい国民であるかが推知し得られると思ふ」と結んだのには飛んでもない所でかつぎ上げられて少々くすぐつたい感じに襲はれざるを得ない、それが終つて小泉八雲の日本に於ける遺業の説明があり、次いで西大久保の同氏邸宅、書斎、邸園、家族、鎌倉、江の島等の幻燈が写されホームス氏は八雲の使つた言葉で順次説明を続けて第一幕を終る。

第二幕には八雲の足跡を残した出雲各地の風俗習慣、風景等を撮した幻燈を見せて八雲の作品中に描かれた場面を眼の当り展開させたのである。

第三幕は現代日本の文明化として満州各地の実況を各方面に亘つて活動写真で見せるといふ筋なのであるが、僕等にはあまり物珍らしくもない。

唯日本人には充分説明し得ない風俗習慣等を、巧みな引例で聴衆に理解させる所はホームス氏ならでは出来ない術である、さうして日本語で言つてはあまり面白味の出ないことをユーマラスな英語で聴衆を笑はせて飽かさない」（「紐育にて」〈層雲〉一九二三年四月号）

音楽評論家、作曲家として知られる堀内敬三は、実家（浅田飴本舗）の意向で、当初、音楽の道には進ませてもらえず、渡米してマサチューセッツ工科大学大学院で機械工学を学んでいた。その折、しばしばニューヨークへ足を運び演奏会や舞台に親しんだとされるが、ホームズの講演はボストンで聞いたという。徳川夢声との対談では、宇賀も紹介している着物の裏地の話が語られている（『問答有用―夢声対談集第五』朝日新聞社、一九五四年）。留学時期から考えれば、同じハーンのプログラムを見ていた可能性が高いが、その前のシーズンの「古典的日本」かもしれない。

一九二五年【九】はタイ等を取材した後に立ち寄ったもので、七月中の極短い期間の滞在となったようだ。なぜか、同月二六日の京都における警察の尾行記録のみが文書として残っている（『外国新聞通信機関及通信員関係雑件』）。そこには情報の齟齬があったため京都入りの際に捕捉できず、駅に戻ってきて荷物を受け取り駅楼上の都ホテル出張店で休憩の後、大阪へ戻る所を追尾したにとどまったとあり、午後三時頃に山中貿易店で百円紙幣を両替したことのみ調査で判明したことが記されていた。

一九三二年【十】については『近代歌舞伎年表京都篇』に「アメリカで日本通として有名な紀行家バートン・ホルムス氏は［五月］二日夜箱根から入洛」して鴨川おどりを見物したとあることしかわかっていないが、日光に回っていたことは、助手として同行していたラ・ヴァールをとらえた写真に写り込んでいる噴水から（松崎貴之氏に御教示いただいた）確認できる。

プロダクションとしてのバートン・ホームズ

バートン・ホームズ・コレクションには昭和十年代の写真もあり、『観光京都10年のあゆみ』京都市観光局、一九五八年によれば一九五五年バートン・ホルムス社製作の『京都の風俗』という観光映画が存在する。おそらく一九三三年以降にも来日しているはずだが、今のところ詳細は不明である。

一筋縄ではいかないのは、個人名の「バートン・ホームズ」と同時にブランドとしてのそれを、考える必要があることだろう。

個人での旅行と取材は、最初期に限られ、講演会の事業化にあたって、アシスタントを加えたチームで動く体制に移行したことは疑い得ない。

日本旅行記の図版の大半が現地の土産写真（日下部金兵衛、玉村康三郎、江波信國、小川一真、O・A&O・M・プール）で占められていることからすれば、実際のところ、一人では写真撮影も十分にはこなせていなかったのである。

ホームズの講演が高い評価を受けたのは、幻燈同士、あるいは幻燈と映画が間然とするところなく連続的に投影されたことによる。すなわち、早くから練度の高いスタッフを獲得できたことが、その成功の基盤となっている。

その最大の功労者が、オスカー・B・デピュー（一八六九～一九六〇）だ。幻燈のオペレータとしてホームズの講演を支え、カメラマンとして旅行に同行、映画の時代の到来を機敏に察知し、いち早く、映画カメラの入手に動いている。製造者のサポートの得られない遠隔地でそれを十二分に運用出来ていることからわかるように、早くからそのメカニズムを知悉し、その改良にも関心があったようだ。後には撮影方面を離れ、米国議会図書館や米国国立公文書館のマイクロフィルムを手始めとするフィルム・プリンターの開発製造にその軸足を移した。ちなみに公文書館では長らく映画フィルムの複写にデピューの機械が活躍していたという。

ルイス・ムーマウが一時引き継いだ後、一九一七年からハーフォード・T・カウリング（一八九〇～一九八〇）がメインの撮影者となっている。デピューにもパラマウントのトラベル・ピクチャーズ・シリーズに寄与した自負があったようだが、日本関連作品の内容紹介を見る限り、大半は新たに撮影されたもので、過去のストックが流用されたタイトルは少ない。週刊でリリースされた作品群を支えた功績は、ホームズが講演のために帰国している間も、海外に残留して撮影を続けていたというカウリングに帰すべきだろう。

また、カウリングは米国国立公文書館のフィルムアーカイブの設立に貢献し、低温でのフィルム保存についても早くから提言していたという。

一九二五年から取材に同行しているのはアンド

『バートン・ホームズコレクション―激動の明治・大正写真展―日本と世界の風俗―』読売新聞社　一九八七年横浜高島屋ほかに巡回したホームズ写真展の図録

レ・デ・ラ・ヴァール（一九〇四〜一九八七）である。その後独立して旅行映画の製作をおこなっていたが、ホームズの最晩年に社に戻り、その亡き後、息子と共に同社を支える。

もっとも引き継がれた会社は、時流の中で資産の切り売りを余儀なくされ、フィルムも失われることになる。デピュー、カウリングと、ホームズ社と重要な関わりを持つ二人が、資料保存方面の仕事に関わっていたことからすれば皮肉なことである。

どうやら、ショーン・デールは最初、不動産としてこの落魄時代のホームズ社に着目したらしい。デールはスチル写真のみに注意を払い、映画フィルムの価値を重視しなかったのだろうか。既にフィルムの劣化散逸は決定的なものとなっていたのかもしれないが、この時、動けていれば救われたフィルムも多かったのではないのかと、つい考えてしまうところだ。

失われたと思われていたフィルムは、二〇〇四年に発見されジョージ・イーストマン博物館で手当と保存が手掛けられることになったが、これは膨大な仕事の中の例外的な一部分にすぎないだろう。

二〇一七年のフィルムセンター（現・国立映画アーカイブ）でのジョージ・イーストマン博物館コレクション特集では、ホームズ映画の上映はなかった。プログラムを組むには残存するフィルムの尺が短かすぎたということだろうか。あるいは有名観光地の映像しか残されておらず、わざわざ上映する価値はないという評価だったのであろうか。

パラマウントのシリーズには朝鮮三本、台湾六本を含め二十数本の日本物がある。「モンペの国」という邦題になるのだろうか、原題だけでは内容のわからないLand of the Mompies は、説明（東北日本男鹿の岩―不思議な海岸。山形―地方の首都。モンペイランドのズボン履き女子）からすると山形映画だ。

これなどは是非とも発掘して山形ドキュメンタリー映画祭に持って来て欲しいところだ。

カタログが存在することからすれば、各地でのレンタル上映、販売、小型映画としての流通等々があったはずで、各国の視聴覚教材フィルムのアーカイブにホームズ映画が残されていないということはないという気がするのだが、もう十二分に調査しつくされ、現存しないと結論付けられているのだろうか。

関係者の博捜に期待したい。

（ふじもと・なおき）

役者なんて興味ないよ

忘れられた野口貴史

杉山譲二

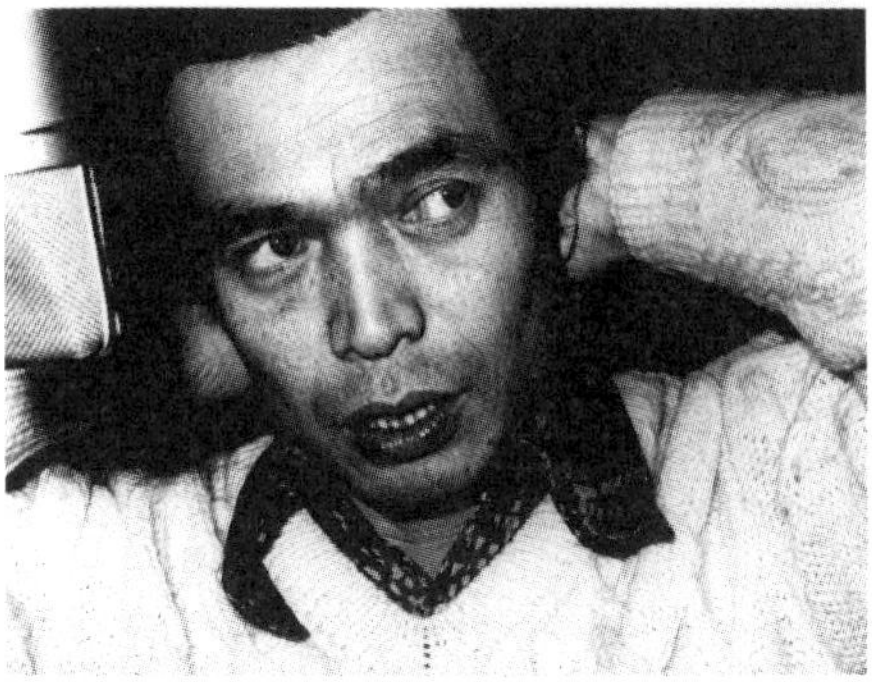

野口貴史（『ムービー・マガジン』より。撮影・糸川耀史）

文藝誌の映画特集のたぐいは読まないことにしているのだが、知人の誰彼が「ひどい中身だ」と言うので、怖いもの見たさで『ユリイカ　追悼・中島貞夫』（２０２３年10月刊）を手に取った。こんなものだろう。インテリの人たちがサブカルチャーをネタに勝手な熱を吹くのが、このての雑誌の決まり。住む世界が違うから、別にいい。

にしてもアリバイとして一人くらいは、同時代のコヤで観てきたヤクザ映画ファンを入れといたらいいのに。『唐獅子警察』への言及ナシ、って、なんだよ！　たぶんビデオ・ＤＶＤが出てないからか、オレの偏愛する『アゲインスト』『さらば、わが友　実録大物死刑囚たち』も無視されている。また昔のインテリなら熱く論じたろう『瀬降り物語』も題名チラっとだけ。被差別ネタよりフェミニズム系が威勢いい、今のサヨク業界ではあった。結句、映画ファンが読むに堪えるのは、濱田研吾の「ＴＶ作品」論と、三島ゆり子、橘麻紀、成瀬正孝のインタビューくらい。つまんねー「主要映画解題」（誰の基準だよ？）を載せてるヒマに、フィルモグラフィ入れとけ。ネットにあります、ってことか？

インテリさんの特徴の一つに、俳優に興味ナシ、がある。ここでは野口貴史の不在に唖然とさせられた。野口は中島のお気に入り。チョイ役でも目立つ役を貰っていて、その極みは『真田幸村の謀略』。十勇士の一人・望月六郎を演じたのだ。私生活でも付合いが深かったのか、中島がＮＨＫの料理番組に出たとき、一緒に登場。エプロン姿で中島の隣に立ち、甲斐甲斐しく下ごしらえなどしている野口にグッときた。ＮＨＫ朝ドラで画家を演ったりして、性格俳優として知られてきた頃でもあった。本誌でも成瀬正孝がチラと言及してるんだから、聞き手の人が広げろよ。ピラニア軍団（中島も深く関わった）売込みに寄与した雑誌『ムービー・マガジン』。そこで数々の名インタビューを残した高平哲郎。彼のインタビュー集『星にスイングすれば』には、スタアたちに並んで野口も堂々「星（スタア）」として一章を与えられているのだが……。

オマケに言うと、大映の千葉敏郎も、中島はヒイキだったらしい。『日本暗殺秘録』の星亨を代表に、目立つ役を振ってます。

（すぎやま・じょうじ）

邪論！正論!!はた快楽《けらく》！⑥

〝鎮魂の夏〟にあれこれ

浦崎浩實

夏！　なにかと気ぜわしくありませぬか？　なぜって？　広島被爆メモリアル（8月6日）があり、長崎被爆メモリアル（同9日）があり、敗戦メモリアル（同15日）と続き、旧盆があり、雷蔵サマ（市川、ですよ、最近は寄席芸人だかにも同名がおられるらしいけど！）のご生誕日（8月29日）とご命日（7月17日）があり、渡哲也氏のご命日（8月10日）があり、酒豆忌（中川信夫監督ご命日6月17日、本年満40回忌）があり、映画本など数々の名著出版で満天下に轟くワイズ出版（拙著もハイ、名著の列に！）を主宰した岡田博氏のご命日（8月27日）があり……とひしめく――。

「伝説のカルト映画館―大井武蔵野館6392日」（太田和彦・編、立東舎、2023年刊）にも岡田博氏への言及がみえ、同館の上映すべき作品の知恵袋のお一人でもあったようだ。

8月に入れば、以前なら、〝あゝ許すまじ原爆を、三たび許すまじ原爆を、我らの上に…〟（「原爆を許すまじ」横田石二・作詞、木下航二・作曲）のコーラスがラジオ、TVなどから流れてきたもので、あゝオイラの誕生月ソングだ（ワレご生誕のきっかり1年後に長崎が！）と感慨を催したものなれど、この「原爆を許すまじ」だが近年、めっきり聞かなくなったのでは？　代って聞くのは、ニッポンも核武装を、と自民だかが。

〝歌は世につれ、世は歌につれ〟と言うが、歌は世につれるだろうが世は歌につれるほど甘くない、とおっしゃった歌謡界の大御所おられしが、さて、映画は世につれ、は如何？

いわゆる、〝キワモノ映画〟と蔑まれがちだったが、キワモノ映画が作られるのは、むしろ、健全なる精神の働きだったのでせうね！

『長崎の鐘』(50)、『長崎の歌は忘れじ』(52)、『原爆の子』(52)などは、戦争の記憶生々しき時代の作品で、『第五福竜丸』（59）はマーシャル群島ビキニ環礁での米国の原水爆実験（46～58）へのプロテスト。『原爆の子』でしたかね、滝澤修（だった？）の被爆したケロイド顔がアップかバスト・ショットで写し出された時、オイラ悲鳴上げちゃいました。（中1くらいの純情な美少年でありやしたオイラで～す！）

『二十四時間の情事』（59、仏日合作）は邦題に打たれますよネ（笑）。原題〝HIROSHIMA Mon Amour〟（広島、わが愛）！　リバイバル時には〝原題〟が使用されましたかね？広島被爆の取材に来日したフランス女性ジャーナリスト（エマニュエル・リヴァ）が岡田英次と恋に落ち、敗戦国日本男性の面目を大いに施せり、とヤユ的に評されもしたが（オペラ「蝶々夫人」のごとく、脚光は女性に当たりがちか？）、ビキニ環礁での米国の原水爆実験も、この映画の背景にあったでしょうか。

で……というわけでもなけれど、〝鎮魂の劇〟といえば、世界に冠たる能楽が日本にはあるけれど、映画もまた、

〝鎮魂の劇〟に連なるのではなかろうか？　その昔（例によってわが美少年時）、傾いた大蔵貢＝新東宝の起死回生の大ヒット作『明治天皇と日露大戦争』（57）で、超満員の周囲の（大人の）観客たちから、盛大なるすゝり泣きが洩れ、先の敗戦でボロボロになった愛国心を慰められた故かと了解したものだが、それもあっただろうけど、二百三高地の激戦の死者累々に涙したのでせうね！　調子づいて大蔵貢は『天皇・皇后と日清戦争』（58）を〝製作総指揮〟（前回のクレジットは〝製作〟のみ）するが、〝柳の下にドジョウの二匹目〟はいなかった記憶です！（監督が渡辺邦男から並木鏡太郎に変ったから？　脚本は共に館岡謙之助）。

　そういえば（？）、最初の『ひめゆりの塔』（53）も、スタート（51年）して地盤の固まらなかった東映東京の救世主になったのでしたね。東映は調子づき、その男子学徒版ともいうべき『健児の塔』（53）も出しておりやす。『沖縄健児隊』（53）は松竹作品。日活はアイドル映画っぽく『あゝひめゆりの塔』（68）、東宝は『激動の昭和史・沖縄決戦』（71）と映画黄金期の賑わい！

　私の中学一年時のクラス担任の先生が、ひめゆり学徒隊（いわゆる、ひめゆり部隊）の生き残りで、映画中に自分の発言も採られている、と自慢げ（？）だったのを思い出す。

　脚本の水木洋子に取材されたんですかね。先生の右だったか左だったか、眼下がぷくっとふくらんでいて、被弾の跡だとおっしゃっておられた。ルリ先生、お元気でいらっしゃいますか？（１００歳は越えておられるでしょうか）

　思えば、『戦場にかける橋』（57）も、『史上最大の作戦』（62）も、『アラビアのロレンス』（62）も、ついスペクタクルに眼も心も奪われがちになるが（お前さんだけだろって！）、戦場の死者の〝鎮魂〟とか〝魂魄〟への映画製作者の祈りも込められ……と思い及ぶべきなんでしょうね（フィクションであれ、ノンフィクションであれ！）。

　さて渡哲也だが、代表作といえば、断乎『紅の流れ星』（67、池上金男・舛田利雄＝脚本、舛田＝監督）ですよね（異議ナ〜シ！）。

港、オンナ、拳銃といったハグレ者映画の定石で、行き場を限られた男のやるせなさを滲ませる、なんて紹介すると、な〜んだ、と言われそうで、裕次郎映画のリメイクだの、元ネタが外国モノだの、ヌーベルヴァーグ的タッチだの、と好意的（たぶん）に評されるのはともかく、この映画、興行的に全くふるわなかったのであります！　かく断言できるのは、往時、オイラが興行の最前線にいたから（この頃の体験は、つらくて、書けば気落ちしそうなので、元気な時にでも！）。

　『紅の流れ星』で助監督をつとめた小澤啓一監督によれば、〝続篇〟も構想された由。同作が当たらなかったことにも言及あるはよほどのことかも（「リアルの追求　映画監督・小澤啓一」ワイズ出版２０１９年刊に拠る）。

　今、手許の豪華本「日活１００年史」

（2014年、日活発行）を開いているのだけれど、渡映画のスティルがたった2点きりで！ついでながら、渡自著の体裁「流れゆくままに」（ご本人歿後、21年の刊行、青志社）のヌルさよ！さらに、ついでながら（！）、渡哲也の訃報をキネ旬はどう誌面化したか、とバックナンバー（20年10月下旬号）を開けば、なんと……。

往時のわが血涙と不義理、忘恩の産物「ムービー・マガジン」誌第5号（76年2月刊）のインタビューがまるまる盗用されていたので〜す！　さして長くないインタビューを〝前篇〟〝後篇〟と分割し、間に別の記事をはさんでいるのが、キネ旬誌の〝創意〟で、いじましくて涙がこぼれないでか！　いかにして労せず誌面が埋められるか、が社是なりしか？〝盗用〟先を明示せる文字の小ささは、言い逃れ用の〝しぶしぶ〟記載ってとこか！

時に、「中央公論」誌が、映画に頑張ってますね。今年の4月号には映画論考が3稿も。昨年5月号の小津映画についての対談も面白く拝読。なるほど、筑摩書房のPR誌「ちくま」における元東大総長氏のお苛立ちもムベなるかな？（笑）。元総長の言いたきことは、要するに！

自分に敬意を払え、ってことでしょう。で、思い出せしが、往時、雷蔵ファンだったオイラ『雷蔵新聞』なるB51枚のペラペラを作り、雷蔵ファンで名高き、京都の〝朗雷会〟にも送付したところ、雷蔵ファンは自分たちが先、と電話で怒鳴りこまれり！　ファンとは、独占欲強きものらし！　総長先生、小津ファン同士、仲良くしてネ！

そういえば（！）唐十郎の訃報、にぎにぎしく！（5月4日ご他界）

氏の功績はともかく、あの頃、アングラ劇界の華やかさ！　早稲田小劇場、六月劇場、自由劇場、発見の会、天井桟敷、状況劇場……まだありましたかね？　夢の遊眠社？　だいぶ後か！

唐の〝紅《あか》テント〟に対抗すべく、自由劇場、六月劇場、発見の会が〝黒テント〟として大同団結せしことも！　それらが世間的認知を得られるまでの道のり……。オイラもその末席に連なっておりやしたのです。それらについては、またの日に。

（うらさき・ひろみ）

知られざる『青春の甘き香り』など
追悼　鈴木瑞穂　〝洋画吹き替え〟も大事な仕事

千葉豹一郎

　主に名脇役として、舞台、映画、テレビ、吹き替え、ナレーターとさまざまなジャンルで長きに渡って活躍した鈴木瑞穂氏が、昨年11月19日に死去した。享年96歳。高齢ゆえ近年は出演が途絶え、動静が気にはなっていたが遂に巨星は堕ちた……。２０２０年には一時女優としても活躍していた糟糠の妻光江さん（高田敏江の姉）を亡くされていた。

　あの自信と情熱を秘めた力強い独特の語り口で、どんな小さな役でも強い印象を残し、作品の格まで上がった気がしたものだった。鈴木氏の演技の特徴を一言で表せば〝説得力〟だろう。若い頃から落ち着いた大人の雰囲気があり、押し出しのよさを活かした悪役も上手く、まさに変幻自在の稀代の名優であった。名優といわれる人たちの中には、ともすれば熱演のあまり、全体のバランスを崩す人もいないではない。しかし鈴木氏の場合、〝どうだ、俺の芝居は！〟というような押し付けがましさはまったくなかった。どんな役でも完璧に消化し、熱演でもそれと感じさせず、真摯に真っ向から演じて作品に寄与し外れなしだった。

　任せておけば期待以上の演技を見せて、余計な演出など無用だったろう。

　鈴木氏が出ているので観た、という映画やドラマは数知れない。もし、自分が監督だったなら、わずかなシーンでも絶対に出演していただきたかった最も敬愛する俳

鈴木瑞穂（1950年代）

優の一人だった。しかし、作品に溶け込み過ぎ優劣がなかったことも裏目に出てか、個が希薄になった嫌いがあった。そのため、あれだけの名優でありながら、師匠格の滝沢修、宇野重吉、演劇仲間だった同じ民藝の内藤武敏、同い年の織本順吉らに比べると、顔は知られてはいても、トークやバラエティー等では観かけたことがなく、取りざたされることも少なかった。それでも、『帝銀事件　死刑囚』(64)の正義感あふれる太野木記者、『氷点』(66)の陽子の出生の鍵を握る主人公辻口の友人高木、『白い巨塔』(66)の原告側の関口弁護士等、常連とも言える熊井啓、山本薩夫ら社会派の問題作をはじめ、『昭和枯れすすき』(75)のベテラン刑事、『新幹線大爆破』(75)の捜査課長、晩年の『真夏のオリオン』(09)の最後の生き残り水兵等々、多くの作品で忘れ難い名演を遺した。その足跡をざっと辿ってみたい(以下　敬称略)。

鈴木は昭和2年、満洲で軍人の子として生まれた。海軍兵学校在学中に終戦を迎え、戦後に帰国して京都大学経済学部に入学するが、在学中に観た第一次民藝(民衆藝術劇場)の『かもめ』に感動し、中退して日大芸術学部に転じた。昭和25年、滝沢、宇野、内藤らにより劇団民藝が結成され、鈴木も27年より参加。昭和37年にはアーサー・ミラーの『るつぼ』で芸術祭奨励賞を受賞。昭和46年に内部対立で、佐野浅夫、下條正巳らと民藝を脱退して翌年劇団『銅鑼』を設立し、10年間に渡って代表を務めた。平成18年には『夜の来訪者』『女相続人』で紀伊国屋演劇賞個人賞を受賞し、29年には新劇製作者協会賞を受賞した。

私生活では三女に恵まれ、義妹の高田敏江にも慕われていた。共産党の支持者で、『世田谷・九条の会』の呼びかけ人も務め、戦後は一貫して権力と対峙する側にいた。映画と並行してテレビにも『バス通り裏』等をはじめ草創期から出演し、あらゆるジャンルの多くの番組で活躍した。大河ドラマ『赤穂浪士』の神崎与五郎や『葵徳川三代』の板倉勝重、『明治の群像　海に火輪を』の星亨(中丸忠雄)の義父、『天皇の料理番』(堺正章版)の大膳頭等が今も目に浮かぶ。活動期間が長かっただけに出演作は膨大な数に上り、全体を網羅するにはとても紙数が足りない。そこで本稿では、あまり知られていないものを中心に焦点を当ててみたい。

その一つが、『青春の甘き香り』といういわくつきのドラマである。森崎東や須崎勝弥が主に脚本を手がけ、主な演出も森崎が担当している。フジテレビの昼の帯ドラマ枠で1977年に放送予定だったが、前番組の花登筐の『あかんたれ』が好評で延長されたため、一旦お蔵入りとなり83年に深夜枠でひっそりと放送された。そのため、ほとんど知られておらず、東海地方のみで初放送されたともいわれ放送記録を含めて不明な点も多い。ところが、このドラマ、思わぬ拾い物だった。フィルム撮影で、甘き香りどころかまったく救いのない、見果てぬ夢と挫折のドラマ。およそ昼の時間帯には相応しくないひたすら暗い内容で、結果的に深夜枠での放送の方が似つかわしかった。油絵のタイトルバックに流れる荒木一郎作詞、作曲の主題歌『回り舞台の上で』も哀調を帯びて、今でも深く記憶に残っている。劇中でも使われ、荒木の自伝的小説の題名にもなっていて思い入れも強かったのだろう。主役の村野武範も、荒木の主題歌と共に好きな出演作と後に語っており、村野にとっても印象深かったようだ。

劇団民藝公演、ジョルジュ・ソリヤ作『恐怖』で佐々木すみ江と

40年以上前に観たきりでその後リピートもなく、細部は異なるかもしれないが、内容は以下のようなものだった。

売れない役者の村野と恋仲になった結城しのぶは、日本有数の大銀行の頭取の娘。父親は不釣り合いなふたりの交際に強く反発し、仲を引き裂こうと躍起になる。その父親が鈴木である。こういう時の鈴木は実に手強い。他の俳優の追従を許さず、絶対に敵には回したくない男だ。あらゆる人脈を駆使して徹底的に村野の仕事を潰しにかかり、ふたりの前に大きく立ちはだかる。娘の気持ちなどそっちのけで、村野憎しの一念に燃える冷酷非情な暴君そのものに見える。鈴木の執拗なまでの画策が功を奏し、ふたりはどんどん追い詰められて一度は別れ、結城は父親のお気に入りの頭師孝雄と、村野も杉本美樹と収まる気配を見せる。

裏方に回った村野を杉本は献身的に補佐し、たしか村野が関わった曲として『回り舞台の上で』が劇中で流れる。結城と街を歩いていた頭師は、流れていたこの曲に「いい曲ですね」と思わず聞き惚れ、結城は村野への思慕を募らせる。一方、杉本は枕営業を仕掛けてまで村野が切望していた仕事を取ってくる。しかし、村野の結城への想いは断ち難く、それを告白された杉本は自ら命を絶つ。やがて、よりを戻した村野と結城は、再び鈴木に出口なきまでに追い詰められて駆け落ちをこころみるが、「人を死なせてしまった人間は幸せになってはいけないんだ」と強い自責の念にかられる村野に結城も同調し、何と樹海で心中してしまう……。

まさかの結末も、父親の圧力がそこに至るほどのものと納得出来なければ、ドラマ全体が陳腐なものとなってしまう。が、鈴木にとことん追い詰められたら無理からぬことだ、と心底思わせる必然性が感じられた。「ばかな奴め」と吐き捨てながらも、内心の激しい動揺を押し殺し、放心したような鈴木の表情が忘れられない。世間体と娘への愛情で揺れ動き、単なる憎まれ役ではないことを示して、さらにドラマの厚みを膨らませた。

もう一本は、これも鈴木のフィルモグラフィから落ちている『ママの色鉛筆』というファミリードラマである。昔懐かしい昼の『花王　愛の劇場』で、昭和最後の夏、すなわち昭和63年に放送されたものである。かつては昼メロの枠で、独特のなまめかしい雰囲気に誘われて、子供の頃から夏休みなどに家人にとがめられながらもよく観たものだ。後には『天までとどけ』のようなファミリー向けのドラマに徐々に移行し、本作もそのひとつである。

人気少女漫画家から専業主婦となった石野真子が、夫を事故で失い、ひとり娘を抱えて再び漫画家としてカムバックしていく奮闘記で、矢島正雄のオリジナル。他には、宅麻伸、小野みゆき、布施博、ラサール石井といった面々が出ていて、ビートの効いた軽快な主題歌『虹色のオーラ』は今井優子の出世作となった。

他愛のない話だが、たまたま観て鈴木が出ていたので録画し観ていた。鈴木の役どころは石野の舅の大学教授で、元々この結婚に反対だったうえ、息子を死なせたという思いから　石野にことごとくつらく当たる。石野を〝あの女〟と呼び、妻の三条美紀のとりなしも聞かず、孫の浅川奈月の行く末にも寄り添おうとしない。『青春の甘き香り』を彷彿とさせる嫌な舅、かつては珍しくなかった家のことはすべて任せっきりな典型的な昭和の関白亭主である。ここからが、さすがに鈴木である。そんなステレオタイプの嫌な舅の変貌を、見事に演じてみせた。妻が急死すると抜け殻のようになって徘徊し、一時行方不明となる。そんな鈴木を、もうひとりの息子沼崎悠夫妻は探そうともせず、さんざん探し回って雨の河原で保護したのは石野と娘だった。あれほど嫌悪していた石野母娘の裏表のないまごころに触れ、亡き息子の選択が誤ってはいなかったことを悟って、心が氷解してゆく様は感動的ですらあった。

ようやく一段落して落ち着きを取り戻した鈴木に、沼崎らは今度は屋敷を売ったら幾らになるからと売却を迫る。ちょうどバブル期の頃で、当時はこの手の話が実際にもよくあった。鈴木は「この屋敷はお前たちにくれてやる！」と激怒し、事情を知った石野の好意に甘えて、彼女たちの住む団地で同居することになる。この後がまた見ものだった。

蔵書は大学や図書館に寄贈し、身一つでやってきた鈴木は、午前中は図書館で研究に没頭し、午後は人が変わったように進んで家事もこなして自分なりのペースをつかんでゆく。訪ねてきた教え子たちにも自ら麦茶をついでやりながら、能率が違うんだなあ、と楽しそうに日課を語って学生たちを驚かす。

嫌な舅から、すっかり好々爺となった鈴木にも支えられ、石野はさまざまな嫌がらせや妨害も乗り越えて再びマンガ家として返り咲いてゆく…。

いささかご都合主義な舅の変貌とその後の展開も、鈴木の説得力のある演技でまったく不自然さを感じさせずにドラマを完結させた。話しの中心は石野や宅麻、小野、布施らだったが、鈴木でかなりの部分を持っていたのは間違いない。

最終回の一話のみだったが、『太陽にほえろ！』の後番組で短命に終わった『ジャングル』の主役鹿賀丈史の妻真野響子の父親の建設会社の社長も記憶に残る。商売柄、図らずも不正に巻き込まれるが、逡巡の末に自らの不明を悟り、事件をうやむやにせず表面化させた婿を誇りに思う、と言って自らの身を処し有終の美を飾った。

数々のナレーターはもちろん、吹き替えでも鈴木は多くのいい仕事をしている。新劇俳優のほとんどはそれなりに吹き替えも上手く演るが、中には演技をつけ過ぎて浮いてしまう、あるいは本人の個性が出過ぎてどれもあまり変わり映えがしない、ということもままある。鈴木の場合は特徴のある声と語り口ですぐに判別がついたが、けっして吹き替える俳優以上の演技をつけてはみ出すようなことはなく、それでいてわずかに本人より上に持って行った。日テレで初放送された際の『ゴッドファーザー』(72)のマーロン・ブランドはあまりの上手さが話題になり、『スター・ウォーズ』シリーズ(77〜)のダース・ベイダーもよく知られている。

久松保夫の持ち役だったバート・ランカスターを、久松の急死で受け継いだ『家族の肖像』(74)『戦場』(78)『フィールド・オブ・ドリームス』(89)も違和感なくこなし、当初は佐藤英夫、その後は若山弦蔵の持ち役となっていたレイモンド・バーが再登場した『新・弁護士ペリー・メイスン』も同様だった。NHKで『新』が放送されると知って誰が吹き替えるのかが気になっていた。NHKはよく故意にフィックスを外すから多分若山ではないとは思っていた(『新　バークにまかせろ』は若山だった)が、鈴木と判ってひと安心。はたして、全盛期の鋭さが取れて円熟味も増したバーのメイスンにはむしろ鈴木の方が適役であった。若山は『鬼警部アイアンサイド』からバーを受け持ち、その後に佐藤英夫が担当していた『ペリー・メイスン』の未放映の後半分も吹き替え、来日したバーとも会ってバー＝若山のイメージが定着していた。

安く上げることばかり考えている、と昨今の吹き替え業界に失望してあまり吹き替えをやらなくなっていた若山を、『新・弁護士ペリー・メイスン』はぜひ自分がやりたかったと口惜しがらせた。

アクシデントが重なって大統領に昇格した上院臨時議長ジェームス・アール・ジョーンズの苦悩を描いた『ザ・マン〜大統領の椅子』(72　未)も、鈴木の吹き替えにおける知られざる代表作のひとつといえよう。黒人であるがゆえに疎まれ、あらゆる嫌がらせに遭いながらも、優れた見識と人格で次第に周囲の信頼を得ていく様は鈴木の独壇場だった。ジョーンズも後にダース・ベイダーの声を演じているのは、面白い偶然だ。

アイゼンハワー元大統領の軍人時代の秘書兼運転手ケイ・サマスビー(リー・レミック　声　渡辺美佐子)との関係にも焦点を当てたミニ・シリーズ『将軍アイク』も、あまりアイクと似ていないロバート・デュバルを人間味たっぷりに演じ、『鷲は舞いおりた』(77)でもデュバルを吹き替えた。ロス疑惑の三浦事件と酷似していることで話題になった、やはりNHKで放送されたミニ・シリーズ『疑惑』では娘を惨殺されたカール・マルデンの声を好演した。妻(エヴァ・マリー・セイント　声　鳳八千代)

と共に真相を求めて奔走し、当初は冷淡だった警察やFBIの鑑識も、熱意と情にほだされて協力してゆく様が胸に迫り圧巻だった。

『刑事コロンボ』の息子可愛さに殺人まで犯す『愛情の誤算』のシンクタンク所長のホセ・フェラー、『ナイトホークス』のテロ対策班の上司ナイジェル・ダヴェンポートも忘れ難い。後者は、『ダーティハリー』(71)ばりの無茶な捜査で顰蹙を買ってテロ対策班に移動させられたスタローンは不満たらたらだったが、上司ダヴェンポートの人柄に惹かれて認識をあらためてゆく。わずかなシーンで当初から好人物と判らせるセリフ回しは、鈴木ならではであった。ところが、その上司は、スタローンと後で中華でも食べようとトランシーバーで話している最中、テロリストに射殺されてしまう。怒りに燃えて、ルドガー・ハウアーを首領とする一味のせん滅に邁進するスタローンに思わず感情移入してしまった。

早川雪洲がアカデミー助演賞の候補になった『戦場にかける橋』(57)も、英語の発音が悪い本人よりむしろ上手いくらいだった(『東京暗黒街　竹の家』(55)で発音が良くなったと思ったら吹き替えだった　笑)。『アルプスの少女ハイジ』(06)のマックス・フォン・シドー演じる気難しいアルムおんじも、ハイジに心を開いてゆく過程を巧みに演じた。

生の鈴木に接したのは96年の舞台『守銭奴』と、その2年前、お付き合いのあった東野英治郎氏の通夜でお見かけした折だけだった。きりっとした目と知性的な面立ちは、画面で観るよりさらに力強く、筋の通った人間だけが持つたたずまいを感じさせた。もっと舞台も観ておくべきだった、と今さらながらに後悔している。以前誰かが、滝沢修は舞台の方が映画やテレビの何倍も良く、岡田英次はその逆と言っていたが、鈴木の場合はどちらも甲乙付け難かった。

今回、本稿を執筆しながら思い返しても本当に外れがなく、贔屓の引き倒しにならなかったことが何より嬉しい。こうした名優は、現在の状況を鑑みるに今後は出てこないだろう。

大分以前に、まだ若い者には負けない、と自らの酒豪ぶりを語っている珍しい記事を読んだことがあった。それでも長寿を保って晩年まで現役を貫いたことは、われわれにとっても幸いであった。あらためて、その業績を称えご冥福を祈りたいと思う。

(ちば・ひょういちろう)

必殺本の決定版
無名の功労者たち
沼崎肇

高島都編著「必殺仕置人大全」（かや書房 2023年10月刊）

TVドラマ『必殺仕置人』『新必殺仕置人』解説本の決定版といえよう。DVDの時代で、CSでも繰返し再放送されている番組なので、粗筋や主要スタッフ&キャストの解説、成立の状況などは既知のことばかり。キモは傍役たちの解説である。

今井健二、五味龍太郎、神田隆、江幡高志、菅貫太郎、山本一郎（必殺シリーズ出演回数順）のような有名人だけじゃない。出水憲司、大竹修造、暁新太郎、湊俊一、藤沢薫、西山辰夫、伊田畑猛雄、千代田進一、松尾勝人、伊波一夫、東悦次、海老江寛、浜伸二といった京都製作時代劇で御馴染の面々が、本シリーズでの役柄のみならず、その出身劇団や他作品での仕事とともに解説される。ファンには堪えられません。顔写真があれば、もっと良かったけど。

当方が知らなかったことが、とにかく沢山ある。黛康太郎は大瀬康一の弟子で「康」の字を貰ってる、北原将光は意外にもエノケン劇団出身、須永克彦は劇作家でもある、時代劇と無縁の民藝・岩下浩がなぜ唐突に悪役として出演したか、丸尾好広は『吸血鬼ゴケミドロ』に出ている（今度みるときは気を付けよう）、入江慎也は暁伸&ミス・ハワイの弟子…等々、昂奮の事実が続々なのだ。なにより最大の謎だった『新仕置人』の〝屋根の男〟ことマキが何者なのか知ることが出来たのが嬉しい。

むろんミスもあれば、もうちょい詳しく、の憾みもないではない。清水彰登場回が新国劇総出演であることに言及したうえは、『助け人走る』での師・島田正吾との共演にも触れて欲しい……北野拓也とカツシン、田中弘史と杉良太郎、芦田鉄雄と大島渚の関係は必要では…等々、でもそれは読者各々が脳内で解決すればいいよね。ただ同作での〝闇の俳諧師（殺し屋の元締集団）〟に井関一、瀬下和久と、時代劇と無縁の劇団四季メンバー二人を呼んだのはナゼか、だけは知りたかったな。今後の課題です。

問題なのは、このファン気質丸出しの俳優解説（「主な登場人物」）の部分を誰が担当したのか不明、ということだ。大した内容でもないコラムは全部署名付きなのに。執筆者一覧をみると本放送か最初の再放送あたりからの、年季を入れたマニア揃い。特に必殺ファンクラブ「寅の会」主催・坂井由人氏など、「必殺」CDシリーズのブックレットで傍役への深い愛情を披歴していたのだから、彼の担当がどれかを知りたい。いや、誰がどの役者にコダワリ、どこまで深く研究しているのかを、執筆者各々の個性を知りたい。だから回ごとにクレジットを入れるべきだった。…不思議なのは、最もキャリアが浅く、文章に熱も感じられないヒトが、編者として前面に出ていることだが…ま、このヒトが版元に話を通したんでしょうね。（ぬまざき・はじめ）

珍品ショウケース⑰
『砂漠の9人』
ダーティ工藤

（43年・英・モノクロ・スタンダードサイズ（1・37：1）68分）

NINE MEN

製作＝マイケル・バルコン　原作＝ジェラルド・カーシュ　脚本・監督＝ハリー・ワット　撮影＝ロイ・ケリノ　編集＝チャールズ・クリチトン、エリック・フイリップス　美術＝ダンカン・サザーランド　録音＝エリック・ウィリアムズ　スクリプト＆コンテニュイティ＝フィリス・クロッカー

出演＝ジャック・ランバート、ゴードン・ジャクソン、フレデリック・パイパー、グラント・サザーランド、ビル・ブルーイット、エリック・ミックルウッド、ジョン・ヴァーリイ、ジャック・ボースマン、リチャード・ウィルキンソン、ジュリオ・フィンツィ、フレッド・グリフィス、トレヴァー・エヴァンス

イギリス陸軍の戦闘訓練学校で若い訓練兵たちを厳しく訓練するジャック・ワトソン軍曹（ジャック・ランバート）。ヘトヘトで宿舎に帰り口々に訓練への不満を漏らす訓練兵たちに、軍曹は過去の自分の経験を語り出す。

アフリカ戦線で軍曹の所属するイギリス陸軍パトロール部隊は、イタリア軍の飛行機の攻撃を受けトラックが大破し1人が死亡。残った軍曹ら9人は砂嵐の中を進み小屋を見つける。ほどなく指揮官のクロフォード少尉（リチャード・ウィルキンソン）が死に軍曹が指揮官となる。小屋はイタリア軍の拠点で圧倒的な兵力で責めて来る。こちらは弾薬も水も乏しい厳しい状況ながら、一番若い兵卒ヤングン（ゴードン・ジャクソン）や歴戦の勇士ジャック（グラント・サザーランド）らの奮戦で何とか守り切る。だが状況は依然と厳しく軍曹は、一か八かの大胆な作戦に打って出る。夜陰に乗じてイタリア軍陣地を襲撃して、食料と水を確保することに成功する。夜明け、イタリア軍は迫撃砲を打ち込み総攻撃をかけてくる。大激戦の末、遂に弾薬も尽きた軍曹らは、全滅を覚悟で銃剣をかざした白兵戦に打って出るが…。

最初と最後が軍曹の回想と言うオーソドックスな構成が、小屋を巡るイギリス軍vsイタリア軍の攻防戦というシンプルな内容とうまくシンクロしている。『砂漠の9人』とは言っても早々と2人が死んでしまうので実質は『砂漠の7人』か。職業俳優はジャック・ランバート、ゴードン・ジャクソン、グラント・サザーランドぐらいで後は実際の職業兵士を起用して、ドラマ性よりもドキュメンタリー的なリアリティを追求している。38年にイーリング・スタジオ所長に就任したマイケル・バルコンは、イーリング首脳陣より剛腕を期待されての就任であった。バルコンは予てから考えていた低予算で最大限の効果を挙げられるドキュメンタリー・タッチの劇映画を新生イーリングの売りにしようと動き出していた。優れたドキュメンタリー監督として売り

出していたハリー・ワットをスカウトしたのはまさに慧眼であった。本作はワットにとって初の長編劇映画であったが、随所にドキュメンタリー・タッチを生かした優れた作品となった。一番若い兵卒ヤングンを演じるゴードン・ジャクソンは後年イギリス映画を代表する渋い脇役となるが、この時はまだ出演4本目の弱冠20歳の若者であった。因みに本作の設定が、同年のボギー主演のアメリカ映画『サハラ戦車隊』（ゾルタン・コルダ監督）と非常によく似ているのは単なる偶然なのだろうか。

ハリー・ワット（1906〜1987）はスコットランドのエジンバラ生まれ。英国ドキュメンタリー映画の父たるジョン・グリアスンの知遇を得て31年に帝国通商（EMB）映画部に入社する。グリアスンの招きでロバート・フラハティが『アラン』（34年）を監督した折、フィルム・チェックにうるさいフラハティのために急遽、アラン島に現像所が作られた。ワットは自ら志願して現像所の助手を務めて、ドキュメンタリーの巨匠の神髄に触れたという。ワットの監督デビューはジョン・グリアスンの中央郵便局（GPO）時代で、短篇ドキュメンタリー『6・30コレクション』（34年）であった。36年バジル・ライトと共同監督の『夜行郵便』が高い評価を受け一躍注目される。同年アメリカのニュース映画シリーズ『マーチ・オブ・タイム』のロンドン部門の監督に抜擢され多数のニュース映画を撮り腕を磨く。41年、ナチスドイツの本土爆撃に参加した英国空軍のウェリントン爆撃機の乗務員を主人公にした『今夜のターゲット』は、ドキュメンタリーながら『アラン』同様にドラマ的要素も盛り込んだ傑作短篇で、42年度のアカデミー最優秀ドキュメンタリー映画賞を受賞した。本作でイーリング・スタジオに招かれたワットは引き続き同社に所属する。『オヴァランダース』（46年）は、シンガポールを占領した日本軍のオーストラリアへの南下を警戒、主要食糧となる牛を守るため安全な南部に移動することになる。2500キロの大陸横断は困難を極める。アメリカ西部劇とはまた一味違うオーストラリア西部劇とでもいう雰囲気が全編を覆う傑作で、大ヒットを記録した。これに気を良くしたバルコンは次作『ユーレカの砦』（48年）でもオーストラリア・ロケを敢行した。19世紀オーストラリアの某州で金が発掘され各国から山師たちが押し寄せるが…。本作は前作の爽快さに欠けて大コケ。バルコンはオーストラリア・ロケをやめアフリカ・ロケによる『禿鷹は飛ばず』（51年）を総天然色で撮り大ヒット。同じく総天然色の続編『秘境ザンジバー』（54年）は大コケ。バルコンは翌55年イーリングを退職しワットも同年退社し命運が尽きた。ジョン・グリアスン、ロバート・フラハティ、マイケル・バルコンという巨匠たちの元での優れた仕事ぶりは、もっと評価されてもいいだろう。

（だーてぃ・くどう）

映画論叢のバックナンバー

●品切れ　1号／2号／4号／8号／11号
●在庫僅少　7号／14号／16号
【31号】伊沢一郎・日活の青春／翻訳映画人・東健而／『殺人美学』再評価
【32号】70ミリ映画女優・上月左知子／土屋嘉男インタビュー／改題縮尺版
【33号】小笠原弘インタビュー／松竹キネマ撮影所／東宝レコード
【34号】阿部寿美子自伝／ラッセル・ラウズ監督再評価／福宝堂完全リスト
【35号】鬼才W・グローマン／アルモドバル本の誤訳／佐々木勝彦語る
【36号】ルーペ・ベレス／東映東京の“血と骨”／動物モノの巨匠A・ルービン
【37号】マイ・ゼッタリング／A・ド・トス／ブルーバード映画とロイス・ウェバー
【38号】西村潔“お蔵入り”の真相／J・ガーフィールド／『警視庁物語』
【39号】レムリ一族の興亡／原一民のみた黒澤明／ウェンデル・コリー
【40号】映画監督・三船敏郎／ディック・パウエル／和製ターザン樺山龍之介
【41号】河合映画・由利健次／『ファンタジア』／アードマン・アニメ
【42号】『どろろ』映画化／近藤経一／W・ベンディックス／全勝映画大調査
【43号】中川信夫の教育映画／東宝ビデオレンタル黎明期／A・ケネディ
【44号】小倉一郎、村井博のみた加藤泰／東独映画／フォード一家名簿
【45号】大船スタア園井啓介／ジョン・ギャヴィン／新東宝・大貫正義
【46号】『自動車泥棒』・和田嘉訓／帰山教正周辺／ビスタ・サイズの誤解
【47号】大映・小野川公三郎／ヘンリー・コスター／J・ウェインと仲間
【48号】ジョン・ファロー／『ジョアンナ』研究／森下雨村の映画／堺勝朗
【49号】田口勝彦による東映東京／ロリー・カルホーン／スコープ・サイズ
【50号】『二十歳の恋』田村奈巳／『2001年』半世紀／J・チャンドラー
【51号】三上真一郎追悼／『サロメ』女優／ビデオとワイド画面／岸田森
【52号】製作者・奥田喜久丸／カーレースと映画／『一寸法師』映画化
【53号】画家としてのスタア／J・スタージェス／テレビの画面サイズ
【54号】オーディ・マーフィ／オクラ入り『殺人狂時代』／ミスタンゲット
【55号】ジミー・ウォング／デジタル時代の画面サイズ／L・ノーラン
【56号】岡本喜八未映画化作／旗本退屈男研究／浅香光代ストリップ剣劇
【57号】満映の岩崎昶／フィルムIMAX史／楯の會と三島映画
【58号】ハワード・ダフ／歌うスター高田浩吉／ルイス・ギルバート
【59号】保篠龍緒『妖怪無電』／日活歌謡映画／フォードと軍人／森卓也
【60号】東宝俳優・西條康彦／新劇とTV洋画／リバイバルの真実
【61号】映画研究者・畑暉男追悼／シネラマの興亡／『六連発愚連隊』
【62号】東宝女優・小池みか／強湾曲スクリーン／小平裕インタビュー

【63号】シルバー仮面―佐藤静夫監督インタビュー　小関太一／謎の活動弁士・森鷗光　藤元直樹／大映の蛇女優・毛利郁子　二階堂卓也／小平裕―東制労闘争の仲間たち　鈴木義昭／フォード『太陽は光り輝く』再評価　猪股徳樹／ピンクスター山本昌平　東舎利樹／片岡千恵蔵の足跡　最上敏信／シネマニアの桟敷席　谷川景一郎

【64号】千野皓司監督ひとりがたり／『愛すれど心さびしく』をめぐって　内山一樹／スティーブ・コクラン謎の死の真相　千葉豹一郎／アレクサンダー・コルダとロンドンフィルム　ダーティ工藤／『荒野の決闘』のすべらない話　猪股徳樹／「捕物帖」か「捕物帳」か　最上敏信／浅草夢譚　飯田一雄／江原真二郎追悼　五野上力

【65号】エーリッヒ・ヴァシュネック監督研究　戸崎英一／三上於菟吉の探偵小説　湯浅篤志／水戸黄門のモンスター退治　二階堂卓也／帝国キネマ演芸　冬樹薫／宮崎博と日本映画縦断　鈴木義昭／浪曲師・広沢若太郎　飯田一雄／『映画監督放浪記』の果てに　谷川景一郎／東映大部屋俳優・亀山達也ふたたび　五野上力

●映画論叢バックナンバーのうち、No.3〜No.18まで（各号840円。送料樹花舎負担）のご注文は樹花舎へ。メールあるいはファクスでご注文ください。ファクス：03-6315-7084
メール：kinohana@nifty.com
No.19以降は国書刊行会へ。一部1000円＋税。

シネラマの興亡・補遺訂正編

『スペインの休日』の紆余曲折

内山一樹

本誌60号から62号（2022年7月〜23年3月）まで3回に渡り「シネラマの興亡」と題して、今の日本では完全に廃れ、見ることの出来なくなってしまった巨大映像シネラマの歴史を辿った。シネラマの誕生と3面シネラマ第1作『これがシネラマだ』（52）公開の衝撃から『おかしなおかしなおかしな世界』（63）での70ミリ・シングル・シネラマへの転換、そして最後のシネラマ社公認のシネラマ『ジャワの東』（69）とその後の「スーパー・シネラマ方式上映」までを見て行ったのだが、記述の中に幾つかの誤りがあることがわかり、また漏れてしまった作品もあった。今回は漏れた作品の説明と幾つかの訂正をしておきたい。

シネラマ

まず日本でもシネラマ上映されていた『スペインの休日』の元々の作品、『ミステリーの香り』の複雑な事情を説明し、ヨーロッパのみシネラマ公開の2作とシネラマの短編を簡単に紹介し、最後に連載中の誤りの訂正をする。

●マイケル・トッド・シニア

日本でも70ミリ・シングル・シネラマで上映されていた『スペインの休日』は、日本未公開の匂いの出る70ミリ映画『ミステリーの香り（Scent of Mystery）』（60）を再編集して改題したものだった。この映画を製作したプロデューサー、マイケル・トッド Jr.（１９２９～２００２）の父親は、トッドＡＯ方式の70ミリ映画を開発し、その方式の大ヒット作『八十日間世界一周』（56）を製作したことで知られるマイケル・トッド Michael Todd（１９０７～58）である。

話はこのトッド・シニアから始めるべきだろう。マイケル・トッドは、ポーランドからアメリカに移民して来たユダヤ系の両親（父はユダヤ教のラビ）の間に９人兄弟の末の息子として１９０７年６月22日にミネソタ州で生まれた（本名はアヴロン・ハーシュ・ゴールドボーゲン Avron Hirsch Goldbogen。〝トッド〟は幼少時のニックネームで31年に父の死を機にマイケル・トッドに改名）。校内での賭博で高校を退学になったトッドは、様々な仕事を経験した後、兄の１人と共に建設会社を起業し、トーキー時代を迎えた映画会社の防音スタジオの建設で成功した。トーキー元年と同じ27年に結婚し、29年（10月８日）に長男マイケルが生まれるが、長男誕生とほぼ同時に起こった株価暴落に始まる世界大恐慌のため会社は倒産する。しかし彼はめげることなく新たな起業をして復活した。33年のシカゴ万国博でトッドが製作したアトラクション（踊り子の衣裳が燃え落ちる）はショービジネス界に注目され、これをきっかけにトッドはブロードウェイの舞台製作に進出する。「ホット・ミカド」（39）、「スター・アンド・ガーター」（42）等のヒット作を次々に上演してトッドは40年代のブロードウェイを席巻する演劇プロデューサーとなった。

ショーマンシップに富んだトッドは、１９５０年、フレッド・ウォーラーが開発・完成させていた巨大映像、３面シネラマの事業に興味を示し、第１作『これがシネラマだ』（52）の製作に、ローウェル・トーマスと共に実質的なエグゼクティブ・プロデューサーとして参加した。ローラーコースター、ナイアガラ瀑布の他、ヴェニスのゴンドラやスカラ座のオペラ等、ヨーロッパのシーンはトッドの担当である（シネラマで最も有名なローラーコースターのショットは、トッド・シニアから任されたジュニアが監督した）。

「シネラマの興亡」（前編）で述べたように、１９５２年９月30日、ニューヨークで公開された『これがシネラマだ』は大ヒットとなり、巨大映像システム、シネラマは大成功を収め、その後６年間で世界各地を観光する３面シネラマのトラヴェローグ（紀行映画）が合計５本作られることになる。

しかしシネラマの3画面2か所の継ぎ目や、あまりにも大掛かりな撮影・上映方式に不満を覚えていたトッドは、『これがシネラマだ』の公開直後、自分のシネラマ社の株を売却してシネラマを離れ、シネラマの問題点を解決する新たな巨大映像システムの開発に乗り出す。

トッドはマサチューセッツの光学会社、アメリカン・オプティカル社 American Optical Co. のブライアン・オブライエン博士 Brian O'Brien に10万ドルを提供し、「1つの映写窓からのシネラマ」Cinerama outa one hole の開発を依頼した。

こうしてトッド・カンパニーとアメリカン・オプティカル社の共同開発で生まれたのが70ミリ映画トッドＡＯ方式 Todd-AO である（両社の社名から命名）。その上映プリントの規格、フィルム幅70ミリ、画面比２・２×１（1コマのパーフォレーションは片側5穴）、４条の磁気トラック（片方のパーフォレーションの両脇に2条、全部で4条塗布された磁性体に記録）による6チャンネルの音声（左・左中・中央・右中・右・サラウンド）、映写速度1秒24コマ（最初の2作は1秒30コマ）、はその後の全ての70ミリ映画の上映プリントの標準になった（画面比２・76×１のウルトラパナビジョンだけは上映にアナモフィック・レンズを使用する）。

１９５５年10月10日、ニューヨークのリヴォリ劇場で公開されたトッドＡＯ第1作『オクラホマ！』は、衝撃的だったシネラマには及ばないながら大ヒットとなり（興収７００万ドル）、シネラマを駆逐する70ミリ映画の時代の幕開けとなった。

『オクラホマ！』は、ロジャース&ハマースタインの大ヒット・ブロードウェイ・ミュージカルの映画化で、トッドは製作に関わっていなかったが、トッドＡＯ第２作『八十日間世界一周』はトッドの企画・製作だった。原作のジュール・ヴェルヌの小説（１８７３年刊）をトッドは既に46年、ブロードウェイ・ミュージカルの大作として舞台化していたが（音楽コール・ポーター）、全くの不入りで大赤字の大失敗に終わっていた。映画版はその復讐戦と言うべきものだった。56年10月17日に『オクラホマ！』と同じリヴォリ劇場で公開された『八十日間世界一周』は、シネラマと同様の（しかし継ぎ目のない）巨大映像で、物語に沿って世界各地を観光して行くニュータイプのエンターテインメントだった。興行は『オクラホマ！』以上の大ヒットとなり、トッドは見事リベンジを果たした。最終興収が『これがシネラマだ』と同じ

4200万ドルに達したばかりでなく、『八十日間世界一周』は第29回（1956年度）アカデミー賞で作品賞、脚色賞、カラー撮影賞。音楽賞、編集賞の主要5部門を受賞した。

57年のアカデミー賞授賞式（3月27日）の2か月前、2月2日にトッドは既に大スターだった24歳のエリザベス・テイラーと結婚した。トッドの最初の妻（ジュニアの母）バーサとは46年に死別、47年に結婚した女優のジョーン・ブロンデルとは50年に離婚。テイラーとの結婚は3度目だった（テイラーの方も3度目の結婚）。結婚の時にテイラーは妊娠3か月で、8月6日に女児エリザベス・フランシスを産む（彼女の3人目の子供）。

上映館を増やして『八十日間世界一周』の大入りは続き、トッドは成功の頂点に立っていた。しかし、結婚から1年しか経っていない58年3月22日、ニューメキシコで、乗っていた自家用飛行機、双発プロペラの「ザ・リズ」号がエンジン故障のため墜落し、トッドは3人の乗員と共に死亡した。51歳だった。

●ジュニアの企画

トッド・ジュニアは、幼い頃から父の製作する舞台の楽屋に出入りし、少年時代には舞台の裏方の修行もして、演劇への志向を強めていた。政財界に多くの人材を輩出している名門私立大学アマースト大学（同志社大学の創立者・新島襄も卒業生）で哲学を専攻し1952年に卒業した（在学中に『これがシネラマだ』の撮影に参加）。53年に一般人サラと結婚。その後、海軍で3年間の兵役につき、除隊後の57年、父の会社トッド・カンパニーの副社長になった。

父の急死により、28歳でトッド・カンパニーを引き継いだジュニアは、『八十日間世界一周』の次に父トッドが製作準備を進めていた『ドン・キホーテ』の企画を中止させ、自分の企画の映画化を開始する。エンターテインメントと映画の歴史に大きな足跡を残した父を超えないまでも並び立ちたい思いの彼が企画したのは「匂いの出る映画」だった。

「匂いの出る映画」は父の夢でもあった。トッド・シニアは1945年頃からこのアイデアに関心を持ち、50年にはロングアイランドの廃館になった劇場でその実験もしていた。シネラマやトッドAOにも規格に「匂い」を組み入れようとしていたが、生前、実用化することは出来なかった。

1954年、トッド・シニアは、スイスのハンス・ロウブが試作した画面に合わせて匂いの出る装置に出会う。ハンス・ロウブ Hans Laube（1900〜76）はチューリッヒで空気清浄装置の発明で成功を収めていたが、空気中から匂いを消せるならその逆も出来るだろうと匂いの研究を始め、1939年にはスイス政府に派遣されてニューヨーク万国博で映像と同調して匂いを発生させる装置のデモンストレーションも行っていた。トッド・シニアはロウブのこの装置、センタビジョン Scentavision に多額の資金を投入して完成を急がせていた。

父の遺志を継いだジュニアは父の死の同年の58年、装置の完成を確信してロウブの会社と長期契約を結び、ロウブのための研究所を開設すると共に、父の夢でもあった「匂いの出る映画」の製作に動き出したのである。

匂い発生装置に目途を立てたジュニアはウィリアム・ルースにコメディ・ミステリーの脚本を依頼した。ルースはトッド・シニアが製作する舞台の台本作者であったばかりでなく、妻オードリーと共にケリー・ルースのペンネームで、ヘイラとジェフのトロイ夫妻が探偵役になる推理小説を何作も書いていた。ルースはその中の1作、47年刊の「チャンスの幽霊（Ghost of a Chance)」を基にして映画『ミステリーの香り』の脚本を書いた。

スペインを旅行中のイギリス人ミステリー作家が、多額の遺産を相続した若い女性が命を狙われていることを偶然知り、相棒となったタクシー運転手と共にスペイン各地を回って、その女性を捜しつつ、悪者と敵対するという内容で、女性のつけている香水や、悪者がくゆらすパイプ煙草、タクシー運転手がかじっている桃、登場人物の1人が圧死する多数のワイン樽から溢れるワイン等、画面に同調した30種類の匂いが物語に組み込まれていた。

主要キャストは、イギリス人作家オリヴァーにイギリスの舞台俳優で、映画では後年『眺めのいい部屋』(86)でアカデミー賞助演男優賞にノミネートされたデンホルム・エリオット、タクシー運転手スマイリーにハンガリー出身で『M』(31) が代表作の個性派ピーター・ローレ、遺産相続人の若い女性サリーにトッドJr.が、見ていたテレビドラマで発見した、英米の舞台でも活躍のビヴァリー・ベントリー、悪者の男爵に「ラインの監視」(43)でアカデミー賞主演男優賞を受賞しているハンガリー出身のポール・ルーカス等である。当時、英米の映画や舞台、テレビで大人気だった売れっ子ダイアナ・ドースが浜辺のビキニ美女として1シーンだけ出演している（本当は彼女をサリー役にしたかったらしい）。そして本物の相続人サリーとしてジュニアの（2歳年下の）義母だったエリザベス・テイラーが最後にカメオ的に登場する（カメオ出演は『八十日間世界一周』でトッド・シニアが初めて導入した概念）。この映画には画面上のクレジットはなかったのだが（公開当時、クレジットはスーベニア・プログラムに記載されていた）、2014年に修復復元された『スペインの休日』（『ミステリーの香り』の再編集後の題名）のブルーレイにはラストに修復プロデューサーのデヴィッド・ストロマイヤーが新たにデザインしたクレジットが追加されていて、そこにはリズ・ロリアト Liz Rolyat（リズはエリザベスの愛称、ロリアト Rolyat はテイラー Taylor の逆綴り）と書かれている。

監督は、テクニカラー撮影の名手として『黒水仙』（46）でアカデミー賞撮影賞を受賞していたイギリス人のジャック・カーディフ。53年から監督にも進出し、長編デビューの『殺意（Intent to Kill）』（58／未）と次の『この場所の向こう（Beyond This Place）』（59／未）は2本とも犯罪スリラーで、『ミステリーの香り』は監督3作目だった。

撮影のジョン・フォン・コッツェは、ドイツ生まれで46年にイギリスに帰化したカメラマン。『第三の男』（49）や『ホフマン物語』（51）、カーディフ監督の『この場所の向こう』等で撮影スタッフとして働いたが、『ミステリーの香り』で初めて撮影監督に抜擢された。

音楽のマリオ・ナシンベーネは、『ローマ11時』（52）、『裸足の伯爵夫人』（54）、『年上の女』（58）、『ソロモンとシバの女王』（59）等の映画音楽に限らず、交響曲やバレエ曲を数多く作曲していて、この時既にニーノ・ロータと並ぶイタリア音楽界の巨匠だった。本作の、本編には流れない（修復された『スペインの休日』では退場音楽として流れる）テーマ・ソング「ミステリーの香り」とサブテーマ「追跡」（同様に休憩音楽として使われている）の作曲はジョーダン・ラミンで、作詞はハロルド・アダムソン、歌はエディ・フィッシャーである。

他にハンガリー出身で、『幽霊西へ行く』（35）、『来るべき世界』（36）、『第三の男』（49）、『旅情』（55）の美術監督で、当時、ロンドン・フィルム製作部の重役だったヴィンセント・コルダが、ロンドン・フィルムを一時休職して本作に製作主任と美術監督として参加している。

●『ミステリーの香り』の製作

1959年3月30日、スペインのマラガで開始された撮影は、3か月後の7月4日にグアディスクで終了した。当初、セット撮影も予定されていたが、スペイン現地に到着したトッドは、景色の素晴らしさに圧倒され、急遽、全編オールロケで撮影することを決定した。タクシー内の場面は片側だけしかない実物大モックアップをトレイラーの上に乗せ、実際の道路上を牽引して撮影した。

ロケ地はマラガの他、グラナダ、セルビア、セゴビア、ラ・マンチャ、ナバーラ、ロンダ、コルドバ、ピレネーの山岳地方等、スペイン全域に及び、アルハンブラ宮殿（グラナダ）やメスキータ（コルドバ）、ヒブラルファロ城（マラガ）など歴史的な名所旧跡での撮影のための申請書は500通を越えた。初公開時のスーベニア・プログラム（アメリカで発売の『スペインの休日』ブルーレイに縮小復刻版が封入されている）に掲載されているスクリプターのフィリス・クロッカーの証言「メイキング・オブ・『ミステリーの香り』」The Making of "Scent of Mystery"（聞き書き＝ブルース・ボール）によると、ロケ隊はアメリカ大陸の東西横断を3回繰り返すくらいの距離（1万4000キロぐらいか）を移動したという。映画の中で、それぞれの場所は実際の互いの位置関係を守っていないが、クロッカーは、スペインの観客は戸惑うかも知れないが「つまらない正確さを言い立てるよりも、創造的な見せ方に驚いてくれることだろう」と言っている。

この映画の撮影方式はトッド・シニアが開発したトッドAOではなく、彼がさらに改良を加え、ジュニアが完成させた「トッド70」Todd-70というシステムである。スーパーパナビジョンがトッドAOと同じなのと同様に、トッド70もトッドAOと同じと言っていいのだが、既存のトッドAOのカメラとレンズではなく、同じ規格でトッド・カンパニーが独自に開発したカメラとレンズを使用している。開発責任者は、『ノアの箱舟』(29)や『来るべき世界』(36)等、特殊効果の専門家としてサイレント時代から活躍し、『八十日間世界一周』の撮影時にトッドの会社に入ったネッド・マンで、彼は『ミステリーの香り』では共同製作と技術監修を担当している。

クロッカーの証言と同様にスーベニア・プログラムに掲載されたマンの報告「大掛かりな映画製作」Making A Picture in A Big Way によると、開発に3年かかったミッチェル社製作のトッド70カメラの最大の特徴は軽量であることと70ミリで初めてハイスピード撮影（スローモーション）が可能になったことだった。他にズーム・レンズ、望遠レンズが新たに設計され、三脚、ベビー・トライポッド（小型三脚）、リモート・コントロールの焦点調節装置、大型クレーン、高さ50フィート（約15メートル）の撮影用足場（イントレ）等も特注された。

さらに移動式の現像装置とプリンターも作られ、特に15万ドルかけてアクメ社で作られたプリンターは、それまでより4倍以上明るい光源によって鮮明な映像を実現し、移動マット、静止マットの光学合成や、異なるサイズのフィルムへの縮小や拡大プリントが可能だった。スペイン各地で撮影されたネガはバルセロナで現像され、48時間後にはラッシュがマラガの製作本部に届き、試写の後、同じくマラガに置かれた編集室に送られた。

『ミステリーの香り』撮影中のカーディフ監督（左）とトッド Jr.
（『スペインの休日』ブルーレイ付録小冊子より）

サウンドについてジュニアは、ビロック・インストゥルメント Belock Instrument の社長ハリー・D・ビロックに協力を求めた結果、トッド70のサウンドは、8チャンネル（左・左中・中央・右中・右・左横・後ろ中央・右横）のトッド＝ビロック・サウンド。Todd=Belock Sound になった。

『ミステリーの香り』の最も重要なポイントとなるロウブの匂い発生装置センタビジョンは、ジュニアによってSmell（匂い）とVision（視覚）を組み合わせた「スメロビジョン」Smell-O-Vision!（「!」が付くが日本語では省略する）という名称に変更された。

スメロビジョンの心臓部は「頭脳」Brainと呼ばれるステンレス製の匂い調合機で、ここからあらゆる匂いが放出される（ロウブの研究室には1万種に及ぶ匂いのライブラリーがあった）。トッド70の70ミリ・プリントに塗布された磁気トラックの磁性体には8チャンネルのサウンドの他、匂いのキュー信号も記録されていて、この信号に従って頭脳は匂いのエッセンスと空気を混合して画面に合った特定の匂いを放出する。匂いの付いた微量の空気は劇場の全座席につながるプラスチックのチューブを通じて観客のもとに届けられる。

59年1月までにはスメロビジョンは完成し、トッド社が所有するシカゴのシネステージ劇場（1100席）で最終テストが行われた。ジュニアはこのテストでシステムの完成を確認し、春から実際の撮影に入ったのである。

●『ミステリーの香り』から『スペインの休日』へ

公開前の『ミステリーの香り』は「最初に（1893）動いた／次に（1927）話した／今（1959）匂う」FIRST(1893)They Moved／THEN(1927)They Talked／NOW（1959）They Smellと宣伝され、スメロビジョンには「全ての方式を終わらせる方式」The Process to end all Processesというコピーが付けられた。

ジュニアがプロデューサー生命を賭けた映画『ミステリーの香り』は1960年1月6日の夜8時40分にシカゴのシネステージ劇場でワールドプレミアが行われ、翌日からの本興行では5月7日まで17週上映された。1月25日からのロサンゼルスのリッツ劇場では5月30日まで18週、2月18日からのニューヨークのワーナー劇場でも5月22日まで13週上映された（以下、この映画の日本以外の公開情報はインターネット・マガジン「in 70mm com」の上映記録 "Scent of Mystery" Playdate History by David Coles-Sidney Australia- March 2/2015による）。

興行の結果は大惨事と言っていいほどの失敗だった。製作費200万ドルに加えて、入場料が1ドルの時代にスメロビジョン装置の設置には1座席に25ドルから30ドルかかっていたが、『ミステリーの香り』の興収は全米3館で30万ドルにしかならなかった。

失敗の一番の要因は恐らく、作品自体は決してつまらなくはないので、スメロビジョンを強調し過ぎたことだろう。当時の「ヴァラエティ」紙のレポートによると、

２階席では匂いが遅れ、座席のチューブからのヒス音も耳障りだったと言うが、宣伝による期待が大きかっただけに万全ではなかったその効果に観客の落胆も大きかったのではないかと思われる。

　監督のジャック・カーディフは86年のインタビューで、自分のミスではないのに、興行が惨敗したこの映画を記憶から消し去りたい1本だと言っている。しかし次作の『息子と恋人』(60)が、アカデミー賞に作品賞を含め5部門でノミネートされ、ニューヨーク映画批評家協会賞とゴールデン・グローブ賞で監督賞を受賞するなど高く評価されたので、カーディフの監督生命が絶たれることはなかった。

　『ミステリーの香り』の3館の上映では、同じくスメロビジョンの70ミリ短編アニメ『オールドウィフ物語(A Tale of Old Whiff)』が併映されていた。トッド・ジュニアが製作総指揮を務めたこの15分のアニメの監督はアラン・ザスラヴとジョン・ハブリーで、ホテル支配人から10万ドルの恐竜の骨の捜索を依頼された探偵が野犬収容所から連れて来たオールドウィフ(Old Whiff =古い微香)という名の犬にホテル内を嗅ぎまわらせるという内容である。長年、このアニメはロスト・フィルムと思われていたが、２０１６年に発見された褪色した70ミリ・プリントを元に修復復元が行われ、２０１９年発売の『黄金の首(The Golden Head)』(64)のブルーレイに特典として収録されている。この短編アニメは通常の本編前ではなく、『ミステリーの香り』の本編が終わった後に上映された(冒頭に「お待ちください!」「まだあります!」"Wait!" "There's more to come!" とプラカードが出る)。また『ミステリーの香り』と同様、この短編にもクレジット・タイトルはなかった。

　失敗を少しでも取り戻そうとジュニアはスメロビジョンと短編アニメ併映を止めて、『ミステリーの香り』を通常の70ミリ映画(サウンドは6チャンネルにスペックダウン)として、60年6月3日から7月7日まで5週間、ミネアポリスのパーク劇場で上映したが、焼け石に水であったと思われる。

　その後、ジュニアはスメロビジョンを完全に諦め、１２５分の『ミステリーの香り』の最初の方、ストーリーに関係のない焼きたてのパン、木の削り屑、バナナ、靴墨等の匂いを紹介するだけのシーンを23分カットして、１０２分に短縮し、題名も『スペインの休日』Holiday in Spain に変えた(休憩の位置も変更された)。

そして35ミリ・フィルム3本を光軸を交差させて湾曲スクリーンに映写するシネラマとほぼ同じ仕組みの巨大映像、シネミラクルに相談を持ち掛けた。シネミラクルは58年4月に第1作『大西洋2万哩』を公開したきりで、第2作の噂が聞こえてなかった。

話はまとまり、『ミステリーの香り』を再編集した『スペインの休日』は、原版の70ミリを現像所で光学的に35ミリ3本に分割したシネミラクル・プリントが作られた（7チャンネルにリミックスしたサウンドは磁気コーティングされた4本目の35ミリ・フィルムに記録）。作業にはトッド70と同時に作られた特製プリンターが使われたのかも知れない。

シネミラクル版の『スペインの休日』は、1961年12月22日にカナダのオハイオ州トロントのエグリントン劇場で公開され、62年の5月4日まで19週続映された（『スペインの休日』は1秒24コマなので、この時、1秒26コマのシネミラクル映写機は1秒24コマでも映写出来るように改造されたと思われる）。

ところが、このシネミラクル版が上映される2日前、12月20日に、ナショナル・シアターズが所有していたシネミラクルの権利はシネラマ社に買い取られた。『大西洋2万哩』のネガと45本のプリント、23組の映写機、3台のカメラ、「シネミラクル」の商標はシネラマ社のものになった。ジュニアは父のトッドAOに対抗するシネラマを避けてシネミラクルに話を持って行ったと思われるのだが、結局シネラマの傘下に入ってしまったのだった。

●シネラマ『スペインの休日』

「シネラマの興亡」（前編）の説明の繰り返しになるが、シネラマ第5作『南海の冒険』（58）が公開された年、フランスの貿易会社ロビン・インターナショナルの社長ニコラス・レイジニがスタンリー・ワーナー社からシネラマを引き継いで社長になった。初登場から6年を迎えてシネラマは人気に衰えが見えて来ていた。レイジニは、シネラマ劇場の舞台を取り払ったり、映写速度を1秒26コマから1秒24コマに変更したりしたシネラマの新しい規格〝スーパー・シネラマ〟の改革を進めた（シネミラクル買収もレイジニが決定）。

1959年11月、この新規格によるシネラマ初の劇映画の製作が発表される。MGMとの共同製作で少なくとも2作、状況が許せば6作製作の予定で、シネラマはシネラマ社、35ミリ版はMGMが配給する取り決めだった（1秒24コマへの変更で35ミリ版の作成が現実的に可能になった）。その後、具体的な作品として60年6月に『西部開拓史』が、61年3月に『不思議な世界の物語』がシネラマ劇映画として製作されることが発表された。

『スペインの休日』がシネミラクルで上映されていた61年末から62年前半、シネラマ作品は『南海の冒険』公開から3年半以上が過ぎても新作が公開されていなかった。期待の劇映画『西部開拓史』と『不思議な世界の物語』は、撮影は終了していたがポストプロダクション段階だった。

シネミラクルを買収したシネラマ社は、62年、エグリントンでの上映が終わった後、シネミラクル・プリントを使って、『スペインの休日』をシネラマとして上映した（シネラマとシネミラクルのフィルム規格は同じなのでシネミラクル・プリントはそのままシネラマで上映出来た）。上映の詳細は以下の通り。

5月7日〜8月5日（13週）ボストン劇場（ボストン）

5月24日〜8月6日（11週）インペリアル劇場（モントリオール—カナダ）

5月25日〜8月5日（10週）ミュージック・ホール（デトロイト）

5月29日〜8月5日（10週）オーフェウム劇場（サンフランシスコ）

7月20日〜10月2日（11週）パラマウント劇場（トレド—オハイオ州）

9月11日〜11月20日（10週）クラリッジ劇場（モントクレア—カリフォルニア州）

12月21日〜63年1月6日（3週）ヘルマン劇場（オールバニー—ニューヨーク州）

この間、5月11日〜27日（3週）にシアトルのパラマウント劇場でシネミラクルとして上映された（シネミラクル上映の最後）。以上から『スペインの休日』は、少なくとも5組のシネミラクル（=シネラマ）のプリントが存在していたことになる。

シネラマ待望の劇映画『不思議な世界の物語』は8月7日、『西部開拓史』は11月1日（ロンドン—イギリス）に公開された。旧作アンソロジー『ベスト・オブ・シネラマ』が11月13日に公開されたので『西部開拓史』のアメリカ公開は63年2月20日になった。作品が足りなかったシネラマはここでは作品が多すぎる事態になっている。

シネラマ劇映画が完成するまでの間をつなぐ役割を果

たした『スペインの休日』は、1秒24コマで上映されたスーパー・シネラマの最初の作品でもあった。またこの映画で初めて行われた70ミリ・フィルムから35ミリ3本への分割は、初の劇映画、特に『西部開拓史』のスクリーンプロセス（リアプロジェクション）では絶対必要と言っていい技術で、『スペインの休日』の実績は貴重で有益なものだっただろう。

だが3面シネラマでの劇映画の撮影には困難が多々あり、63年11月7日公開の『おかしなおかしなおかしな世界』からシネラマは、70ミリ・フィルム1本のシングル・シネラマになる（同時にシネラマ社の社長はレイジニからアメリカの劇場チェーン、パシフィック・シアターズの社長ウィリアム・フォアマンに交代する）。

35ミリ3本でしか上映されていなかった『スペインの休日』は本来の70ミリ・プリント（サウンドは7チャンネルから6チャンネルに）に戻って、1965年9月23日~10月19日（4週）に、デンバーのインターナショナル劇場で、今度はシングル・シネラマとして上映された。この70ミリ・プリントになって、この映画は初めて冒頭にタイトルが付けられたが、薄い青地に白文字で「提供シネラマ（CINERAMA PRESENTS）」（CINERAMAはロゴ）、「マイケル・トッドJr.のスペインの休日（MICHAEL TODD, Jr's HOLIDAY IN SPAIN）」（MICHAEL TODD, Jr'sはHOLIDAYの上に小さく乗っている）と2枚出るだけで、キャストとスタッフのクレジット・タイトルはない。休憩のタイトルカード（END PART ONE INTERMISSION）の右下には小さく「HOLIDAY IN SPAIN ©HOLIDAY IN SPAIN COMPANY 1959, 1961」とあり、これはジュニアが『スペインの休日』に再編集した時のものだろう。また本編最後にF・Oする直前、画面右下に小さくオリジナル『ミステリーの香り』の著作権表示（Scent of Mystery ©1959 Michael Todd Jr. as executor）が残っているのが確認出来る。

シングル・シネラマ『スペインの休日』は、66年から67年にかけてイギリス、レバノン、南アフリカ、アルゼンチン等、世界各国で上映され、日本でも上映された。

●日本での公開と修復復元ブルーレイ

『スペインの休日』の日本公開は1966年6月4日で、劇場は東宝系のシネラマ劇場、テアトル東京（大阪はOS劇場）ではなく、スクリーンを強湾曲のシネラマ・

スクリーンに改装して63年12月28日からシングル・シネラマ第1作『おかしなおかしなおかしな世界』を上映した松竹系の劇場、松竹セントラルだった。64年6月10日に『おかしな〜』の上映が23週で終了した後、松竹セントラルは2日間休館してスクリーンを平面に戻したが、65年10月18日から22日まで再び休館してスクリーンをシネラマ用に改装し、23日からシングル・シネラマ『ビッグトレイル』を上映した。66年1月28日にこの映画が13週で上映終了した後もそのままだったシネラマ・スクリーンに『スペインの休日』がシングル・シネラマとして上映されたのである。

『スペインの休日』新聞広告（朝日新聞 1966 年 6 月 3 日）

「シネラマの興亡」（中編）で語られるべきだった『スペインの休日』が漏れてしまったのは、筆者がこの映画がシネラマで上映されたことに気づいていなかったからである。

インターネットの日本の映画データベース「allcinema」で『スペインの休日』の公開は、日付けはないが66年になっていて公開情報の箇所に「シネラマ」とある。この公開情報は配給会社のことなので、ぼんやりとシネラマ社の配給で35ミリ版が上映されたと思っていたのだが（このデータベースには上映劇場の情報まではない）、「シネラマの興亡」（完結編）を書いた後、青木圭一郎氏の労作「巨大映画館の記憶」（２０２１年刊）巻末の主要映画館の上映作品一覧で『スペインの休日』が66年6月4日に松竹セントラルで上映されていることを発見した。しかもシネラマの短編記録映画『平和の砦』が併映である。早速、新聞縮刷版の広告でシネラマ上映であることを確認した。

『スペインの休日』は「キネマ旬報」（66年決算号）の66年日本公開洋画一覧表に載っていない。公開日近くの同誌のバックナンバーで東京の主要劇場上映予定を見ても、松竹セントラルの欄で、前番組の『歌え！ドミニク』（5月19日公開）と後番組の『騎兵隊最後の砦』（6月25日公開）の間に入るべき『スペインの休日』は抜けている。

紹介も批評もない。キネマ旬報のデータベースではこの映画は日本で公開されていないのだ。

「allcinema」でこの映画の配給はシネラマ社となっているが、「松竹が贈るシネラマ第3弾！」とある新聞広告に配給会社の名はない（宣伝コピーは松竹が配給したと読める）。

66年6月当時、本来の日本のシネラマ劇場、テアトル東京（＋ＯＳ劇場）は、前年9月からの『偉大な生涯の物語』の上映を3月31日に30週で終え、4月1日から『バルジ大作戦』を上映中だった（10月27日にこれも30週で終了）。ここに、6年前の旧作でオリジナルの興行が大失敗した『スペインの休日』を入れることは難しかっただろう。シネラマ上映の実績のある松竹の劇場での上映をシネラマ社から打診された松竹が、自社の配給という形で上映を引き受けたのではないかと推察される。興行は3週で終わり（日本の公認シネラマ興行で最短）、松竹がシネラマ社の顔を立てたという意味しかなかったのではないだろうか。

『スペインの休日』のブルーレイ

以上が、シネラマ史と深く関わる匂いの出る70ミリ映画『ミステリーの香り』がシングル・シネラマ『スペインの休日』として日本で上映されるまでの経緯である。

マイケル・トッドJr.は、『ミステリーの香り』の大失敗でも（恐らく父の遺産のお陰で）破産することはなく、64年のニューヨーク万国博のルイジアナ州パビリオンで、歌と踊りと笑いでアメリカの歴史を辿る〝モダン・ミンストレル・ショー〟「アメリカ、ご着席を！（America, Be Seated!）」をプロデュースしたが、これも、人種差別的と人権団体の猛抗議を受け、2回の公演で中止という大失敗に終わった。その後はラリー・ピアース監督、マリリン・ハセット主演の映画『ベル・ジャー（Bell Jar）』（79／未）のプロデューサーの1人としてクレジットされている他、83年に後妻スーザンと共著で父の伝記「貴重な財産（A Valuable Property: The Life Story of Michael Todd）」

を出版している。72年に死別した先妻との間に二男三女、77年に再婚した後妻との間に二男の子供をもうけ、2002年5月5日、肺癌のため、73年から移り住んでいたアイルランドの自宅で72歳の生涯を閉じた。

シネラマ社のものになっていた『スペインの休日』は2014年に修復復元され、ブルーレイがレッドウィンド・プロとシネラマ社の共同で発売された（販売はフリッカーアレイ）。

シネラマ社が保管していたオリジナルの65ミリ・カメラ・ネガと褪色した70ミリ・プリントを素材に復元した本編はスマイルボックス仕様で音声はリミックスした2チャンネルと5・1チャンネルの他、映画史研究者ブルース・キメルと修復責任者デヴィッド・ストロマイヤー、ヒロインの吹替役で出演したサンドラ・シェイハンによるオーディオ・コメンタリーの3種類が収録されている（字幕は一切ない）。特典は、ロケ地再訪（15分）、削除シーン（10分）、インタビュー（サリー役ビヴァリー・ベントリー18分、トッドJr.の長女スーザン・トッド15分）、修復の解説（7分）、スチールと撮影スナップ及び宣材のスライド・ショー（10分）、シネラマ8作品ブルーレイの予告編集（34分）の他、サントラCDと『ミステリーの香り』の復刻縮小版スーベニア・プログラム（36p）が同梱されている。

最後に、このディスクによる『スペインの休日』の上映時間内訳を記しておく。序曲3分17秒・第1部59分49秒（休憩10分又は15分—第2部序曲となる副主題歌「追跡」2分49秒を含む）、第2部39分34秒（修復版で新たに追加されたエンド・クレジット2分57秒を含む）・退場音楽（主題歌「ミステリーの香り」）2分29秒。序曲から退場音楽終了までのこの映画の上映時間は1時間45分19秒（＋休憩10分又は15分—70ミリ又はシングル・シネラマの場合は10分、シネミラクル又は3面シネラマの場合は15分）。

今後は、『スペインの休日』として23分カットされる前の『ミステリーの香り』も修復復元されることを願う。カメラ・ネガが編集されてしまっているのかも知れないが、カット部分の残っているプリントさえあれば可能だと思うのだが。

〈ヨーロッパでのみシネラマ上映された作品〉

●『ラファイエット』1962年 フランス＝イタリア合作／レ・フィルム・コペルニック＋コスモス作品／原題 La Fayette ／撮影方式スーパーテクニラマ／テクニ

カラー／１５８分／フランス公開１９６２年２月８日／イタリア公開１９６２年９月18日／日本未公開【スタッフ】監督ジャン・ドレヴィル／製作モーリス・ジャカン、ジャン・ドレヴィル／脚本ジャン・ベルナール＝リュック、スザンヌ・オーデュエ／撮影ロジェ・ウベール、クロード・ルノワール／音楽ピエール・デュクロ、スティーヴ・ローレン【キャスト】パスカル・オードレイ、ジャック・ホーキンス、ミシェル・ルロイエ、オーソン・ウェルズ、ヴィットリオ・デシーカ【内容】アメリカ独立戦争でアメリカ軍を指揮したフランスの貴族ラファイエット侯爵ジルベール・デュ・モティエの生涯を、戦闘のスペクタクルを交えて描く歴史ドラマ。

※ロンドンのコロシアム劇場で１９６５年3月11日から4月15日まで5週間、公認の70ミリ・シングル・シネラマとして上映された。

●『黄金の首』１９６４年 アメリカ＋ハンガリー合作／シネラマ＋ハンガロフィルム作品／原題 The Golden Head／撮影方式スーパーテクニラマ（追跡シーンはMCS-70）／テクニカラー／１０２分／ハンガリー公開１９６４年12月10日／イギリス公開１９６５年４月８日／日本未公開（アメリカでも未公開）【スタッフ】監督リチャード・ソープ／製作アレクサンダー・パール／脚本スタンリー・グルダー、イワン・ボルディザール／原作ロジャー・ピルキントン「川のネポムク」／撮影イストヴァン・ヒルデブランド／音楽ペーテル・フェネス／製作総指揮トマス・コンロイ【キャスト】ジョージ・サンダース、バディ・ハケット、ジェス・コンラッド、ロバート・クーテ、セシリア・エステルガリオス、ロレイン・パワー、デニス・ギルモア【内容】犯罪捜査の国際コンベンションに出席するイギリスの捜査官の父と一緒にブダペストに来た3人の子供がジュール大聖堂から黄金の聖ラースローの胸像を盗んだ犯人を追ってハンガリー各地をめぐる。

※ロンドンのロイヤリティ劇場で１９６５年４月８日から6月2日まで9週間、公認の70ミリ・シングル・シネラマとして上映された。

〈シネラマの短編〉

●『ルノー・ドーフィン』Renault Dauphine／１９５９年／5分／3面スーパー・シネラマ／カラー／フランスの自動車メーカー、ルノーの新車ドーフィンのCM。工場の組み立てラインで車が出来上がって行く過程を見せる（『南海の冒険』のブルーレイに特典として収録されている）。

●『シェララマ』Shellarama／1965年／14分／シングル・シネラマ（スーパーテクニラマ）／テクニカラー／ディミトリ・ドゥ・グランウォールド作品／脚本・監督リチャード・コウストン／シェル石油のPR映画。ジャングルや海での採掘、山や平原をどこまでも伸びるパイプライン、大型タンカー、精製工場、都市を走る車の群れなど、石油にまつわるイメージを展開。最後は走る車の主観前進ショットが続く（『ベスト・オブ・シネラマ』のブルーレイに特典として収録されている）。

●『平和の砦』Fortress of Peace／1965年／21分／シングル・シネラマ（MCS-70）／テクニカラー／ロタール・ウルフ作品／監督ジョン・フェルノ／撮影ロバート・ガフニー／スイス軍のPR映画。スイスの直接民主主義と国民皆兵の説明、街中や山間地での歩兵の訓練、戦車、車両の渡河、ジェット戦闘機、スキー部隊など、美しい自然の中での訓練の様子が、戦闘機からの主観前進ショットを随所に挟んで描かれる。イギリスで『黄金の首』と同時上映された他、日本では『スペインの休日』と同時上映された（『シネラマのロシアの冒険』と『黄金の首』のブルーレイに特典として収録されている）。

●『コンコルド』Concorde／1966年／14分／シングル・シネラマ（撮影方式不明）／カラー／オブジェクティフス作品／脚本・監督ピエール・ジャロー／まだ完成していなかった英仏共同開発の超音速旅客機コンコルドのPR映画。機体の素材開発、設計、風洞実験、実物大木製モデル、エンジンの開発とテスト等を紹介し、最後は飛行イメージで終わる（『シネラマのロシアの冒険』のブルーレイに特典として収録されている）。

●『宇宙への架け橋』Bridge to Space／1968年／27分／シングル・シネラマ（パナビジョン70）／テクニカラー／セネカ・プロダクション製作／製作チャールズ・R・トリーシュマン／監督ロバート・ガフニー／NASAのPR映画。見学者の乗ったバスを運転していた案内人が周辺の自然、宇宙飛行士の訓練、巨大なサターン・ロケット、管制室など、ケープ・ケネディ宇宙センターの中を紹介して行く。夜明けに発射を待っていたロケットは遂に発射、宇宙へ飛び立ち、無事、1段目を切り離す（『ベスト・オブ・シネラマ』のブルーレイに特典として収録されている）。

●『戦艦アイオワ到着す』Battleship Iowa Arrives／

2012年／3分／3面シネラマ（26コマ）／カラー／監督ハリソン・エングル／戦艦アイオワの入港と歓声を上げてそれを見る人々。復元されたシネラマ・カメラで、2012年6月9日、カリフォルニアのサンペドロ港で撮影された映像（『ベスト・オブ・シネラマ』のブルーレイに特典として収録されている）。

●『映像の中に』In the Picture／2012年／29分（序曲1分6秒を含む）／3面シネラマ（26コマ）／フジカラー／シネラマ社作品／製作・監督・脚本・編集デヴィッド・ストロマイヤー／製作総指揮マイケル・R・フォアマン、ジョン・H・シッティング／撮影ダグラス・H・ナップ、ジョン・ホーラ／音楽ブライアン・D・アラタ／復元されたシネラマ・カメラで撮影されたシネラマのデモンストレーションのためのロサンゼルス観光映画。シネラマ・ドームを見下ろす場所から2組のカップルが1台の車でLA観光に出発する。山の上のメリーゴーラウンド、グリフィス天文台、ケーブルカー、小型の帆船で外海へ、サンタモニカに停泊の大型客船クィーン・メリー号、ロデオ・ドライブ、チャイナタウン、ハリウッド・ヘリテッジ・ミュージアム、チャイニーズ・シアター等を経て最後はロビーにデビー・レイノルズがいるシネラマ・ドームに入り、スクリーンで冒頭の自分たちを見る（『世界の楽園』のブルーレイに特典として収録されている）。

〈「シネラマの興亡」全3回の訂正〉

●「シネラマの興亡」前編（「映画論叢」60号）

▼P94上段＝シネミラクルの映写機の両側2台に関して説明が不足していた。シネミラクルのカメラはシネラマ・カメラと同じ3台が中央に向く配置で左右レンズの前に鏡を設置、Aが左、Bが中央、Cが右を撮影したが（シネラマ・カメラはAが右、Bが中央、Cが左を撮影）、映写機は中央1か所のブースに3台が放射状に外を向いて設置され、左右映写機の前に鏡を設置し、Aが右、Bが中央、Cが左を映写した（カメラと映写機ではAとCのフィルムが入れ替わる）。またシネミラクルのAとCは鏡像で左右が逆になっているので（シネミラクル映写機ではまた鏡を使って鏡像を正像に戻して映す）、シネミラクル・プリントのシネラマ上映ではAとCのプリントは左右を反転させせなければならない（サウンドトラックがないので同じプリントを裏がけすればよかったのだろう）。

▼p98上段＝『不思議な世界の物語』の日本でのシネラマ公開は字幕であって吹き替えではない。日本語吹き替

えは35ミリ一般公開の時。

●「シネラマの興亡」中編（「映画論叢」61号）

▼p50下段＝『おかしなおかしなおかしな世界』の休憩は10分でなく15分。ウェブサイト The American Widescreen Museum に初公開時の劇場への配給会社からの上映指示書の画像があり（「Roadshow! Instructions from the studios」の "It's a Mad, Mad, Mad, Mad World" のセクション）、そこには第5巻の第1部が終了したら、5分間映写機を止めた後、第6巻をスタートせよとあり、第6巻は最初9分58秒間、映像はなく警察無線の音声と、6分19秒から始まる第2部序曲だけが流れると説明されている（合わせると休憩は15分）。指示書には音楽が始まったら場内照明を少し暗くし、第6巻スタートから9分30秒で場内照明を完全に暗くし、スクリーンの幕を開けるスイッチを押せとある。休憩が15分だと失われた部分の長さの計算が違って来るが、複雑になるのでここでは省略する。

▼p51上段＝『おかしなおかしなおかしな世界』の日本公開の劇場は東京の松竹セントラルは確かだが、大阪は南街劇場ではなく、「なんば大劇場」（表紙の「松竹セントラル」の位置に「なんば大劇場」と印刷された同じプログラムの画像をネットで見ることが出来る）。南街劇場は東宝系の映画館なので松竹セントラルとのチェーンはあり得ない。本誌61号発売後、これを一番訂正したかった。

●「シネラマの興亡」完結編（「映画論叢」62号）

▼p87下段＝『マッケンナの黄金』の上映時間は128分＝2時間8分（書き忘れた）。シネラマ大作ではなくなったので序曲も休憩も退場音楽もない。

▼p90下段＝『ソング・オブ・ノルウェー』の上映時間は2時間22分ではなく、3時間42分。222分を2時間22分と間違えた。

※本稿の主な情報源は、ブルーレイ "Holiday in Spain" Redwind Productions Inc., in association with Cinerama Inc. 2014 の本編及び特典と付録 "Scent of Mystery" の復刻版スーベニア・プログラム掲載記事、ウェブサイト in 70mm com の "Scent of Mystery" 関連のページ、The American Wide Screen Museum の Cinerama と Todd-AO 関連のページ、Internet Movie Database（IMDb）、英語版 Wikipedia の他、青木圭一郎「巨大映画館の記憶」（ワイズ出版、2021）等です。

（うちやま・かずき）

俗情との結託・音楽篇

ブラームスはお好き……ホントに？

永井啓二郎

大きな扉の前でイングリッド・バーグマンとアンソニー・パーキンスが喋っている。雰囲気だけでも恋人だと分る御両人、何処にいるんだろう、と思ってると扉が開いて「休憩になりました」のアナウンス。そう、ここはコンサートホール。演奏中に到着した彼等は、休憩になるのを待っていたのだ。クラシックの演奏会では途中入場は許されないからね。『さよならをもう一度』（61年、当方は94年、銀座文化のリバイバルで鑑賞）。奥の扉が何か、最初は分らないところが、本シーンを名場面たらしめた。

現在、吾国TVドラマ等で本シーンを真似することは出来ない。クラシックでも途中入場が許されるようになったからだ。たぶんコロナのちょい前くらいが始まりだったろうか？　前半に2曲あったとしたら、1曲目が終わったら入場させる。これくらいだと、そこそこ曲の間に〝間〟があるからまだいいが、短い曲ばかりだと案内嬢も大変だ。ポゴレリチなんか、あのテンポ、あの〝間〟の人なんで、場内入口付近に待機させた客を動かしていいのか悪いのか案内嬢が迷って、客の列が進んだり退いたり。近くの席の客は迷惑限りなし（於サントリーホール）。

ここ数年はドンドン緩くなり、交響曲など大曲では楽章間も入場ＯＫになってきた。演奏者の構想上「75分休憩なし。途中入場不可」とチラシに謳ってるものまで、当人がちょっと腕を屈伸させてるヒマに10人近く入れちゃったのを目撃。演奏者への尊敬の念は無いのか。ま、演奏中に平気で入れちゃう浜離宮朝日ホールに敵うところは他にないけどね。いずれにせよ、だらしない少数者のために、時間通りに来てる大多数が不快な思いをさせられるのは困ったものだ。

この悪習、何処が最初にやりはじめたのだろう。まさか欧州由来では？　と思って本場イタリアとオーストリア在住の人に（人伝てに）訊いたところ「休憩時間外に入れるなんて絶対有り得ない」との回答。やっぱりね。となると…お上りさんと新人公演の多い上野文化会館あたりかしら？　開館3年目から行ってるゴヒイキの場所だけど、途中入場の多さはダントツだからなァ。新人公演…演奏家はブルジョアの子弟→親が友人、知人にキップを配る→高度成長以降のブルは育ちが悪いぶんプライドは高い→「俺様に待てと言うのか！」→途中入場解禁、って流れじゃないかな。受験勉強と同時に文学・藝術の素養もあった真のエリート階級は、とっくに地を掃ったのだ。

で、話は『さよなら〜』に戻る。ちゃんと規則通り扉の前で待機していたトニパキ君だけど、いざ入場したらブラームスそっちのけで年増女にがっつきベタベタお喋り、案内嬢に叱られるお粗末。そうそう、こういう場所でのお喋りやイチャツキは欧米人のほうが吾々より多いよネ。無作法対決は引き分け、ってことで。

（ながい・けいじろう）

シネマニアの桟敷席③

こんな人に逢った（三）

谷川景一郎

引き続きザ・グリソムギャングで逢った映画人の話。

『好色元禄㊙物語』（一九七五）ひし美ゆり子・関本郁夫

二〇〇六年九月二三日

私がひし美に逢うのはこれが初めてではない。かつて新宿駅東口に存在し若き日の松田優作がバーテンを務めていたトリスバー「ロック」（二〇〇七年閉店）で何度か姿を見かけた。もちろんただ居合わせただけでひし美が私を認識していたわけではないが、いつも無類の明るさと分け隔てのない優しさで優作、村野武範、原田大二郎といった同店に通った俳優仲間の話や映画に留まらない諸々の話題を惜しみなく肴に供してくれた。この日も何度も裸ばかり求められる当時の状況に嫌気がさし、この映画にも当初は乗り気ではなかったと率直に吐露し、爆笑をさらっていた。また折角の主演作品ながらも当時は「潮吹き女優」として勇名（?・）を馳せた窪園千枝子の方が話題となったそうで「家族に見せられない映画だからそれでも良かった」とも言っていた。しかし結果的に唯一の主演映画ともなり、深い愛着を抱いたようだ。この日の上映が一つの契機となり、後にひし美自身の出資でこの映画のニュープリントが焼かれた。余談だが、この店に何度も来店した名和宏がいつのイベントだったかで「オッパイが一番キレイな女優はひし美ゆり子だった」と語っていた。

『三池監獄　兇悪犯』（一九七三）ひし美ゆり子　二〇〇八年一二月一三日

この日もひし美がゲスト。前回も他のイベントでもそうだがひし美のイベントにはウルトラシリーズのファンが詰めかける。偏見交じりだが彼らの中で東映ヤクザ映画にウルトラと同じ程度の興味を抱く人は少なかろうし、逆もまた同じ。彼方でアンヌ隊員を語り合うグループがいるかと思えば此方ではヤクザだポルノだと口角泡を飛ばす集団。またこの日は三池炭鉱を研究している人が貴重な資料を持ち寄ったりと一層の混沌状態だったが、ひし美はこれら全員と誰彼となく気さくに接していた。かつて新宿のロックでも偶然に同席したフランス人ウルトラファンの頬にキスをした場面も見たが（当の男性ファンは喜色満面、片言の日本語とアムールだかジュテームだかで恍惚の境地だった）、ウルトラシリーズのファンにとって彼女がいつまでも永遠のマドンナである理由が分かった気がした。映画については小沢茂弘監督にかなり厳しい演技指導を受け、また主演の鶴田浩二に口説かれて嫌な思いをしたそうで、良い思い出がないとこれまた率直に切って捨てていた。映画自体、東映が量産した「囚人モノ」ながら炭鉱という地底《じぞこ》が舞台でもあり陰陰滅滅な空気に満たされているが、当時は小沢と鶴田の関係性が良くなかったらしく撮影現場の空気も重く気詰まりだったそうだ。東映ヤクザファンとしては小沢と鶴田による「任侠映画の黄金コンビ最後の作品」という位置付けの映画でもあるが、ひし美は無論の事そんな背景に興味はなかった。

『博奕打ち　総長賭博』（一九六八）
名和宏　二〇〇八年一一月一六日

名和はこの店の常連とも言えるゲストで、日活・東映の各種上映会に幾度となく登壇し、数多の逸話を惜しみなく披露してくれた。私もここ以外も含めて名和の話を聞く機会に恵まれたので、何時何処で聞いたか定かではないものも含めて、名和の話をまとめておく。

昭和二九（一九五四）年に第一期ニューフェイスとして日活に入社。二年後にオーディションを受けたある男は「君は名和宏に似ているな。うちに名和は二人要らない」という理由で落とされた。しかし水の江瀧子の強い推薦で改めて入社したその人物こそ、石原裕次郎であった。それから間無しに、今度は名和が日活を出ていく事となった。裕次郎がいなければ、自分があの地位にいたかもしれないと笑っていた。ちなみに名和の実家は能楽の金春流の家系で自身も元は能楽師として修業を積んでいたそうだが、映画俳優を志したことで二〇歳の頃に勘当されたそうである。

東映では主にポルノ時代劇で勇名を轟かせたが「金を貰って女の裸に触れるんだから」と屈託なく出演していた。『徳川セックス禁止令　色情大名』（一九七二）ではフランスから招聘したサンドラ・ジュリアンと共演。母国スタッフもおらず日本語も不自由なサンドラは、片言のフランス語で温かく接した名和をよほど頼りにしたようで「ムッシュ・ナワ」「ムッシュ・ナワ」と幾度となく呼びかけられ、帰国の際には涙を流していたという。「白人だけに裸体は一番キレイだった」とも。また同作の監督だった鈴木則文とは、一緒になってやりたい放題やった、何をやっても受け入れてくれた盟友だったとのこと。

一方で『博奕打ち　総長賭博』や『仁義なき戦い　広島死闘篇』（一九七三）で見せた重厚な演技は自身にも手応えがあり、『総長賭博』を自ら代表作に数えていた。数々の好色伝説を遺した東映だが分けても鶴田浩二、池部良が図抜けた女好きで、流石の名和も及ばなかった。両名に加え安藤昇は、女の方からいくらでも寄ってきたのだそうだ。事のついでにいつか関本郁夫が語っていた話。関本が助監督に就いた『博奕打ち　一匹竜』（一九六七）冒頭での風呂場のシーン。リハーサルから役者連は脱衣で臨んでいたが、映るハズのない下まで脱ぎ捨てて生身が剝き出しだったそうだ。特に鶴田は若い女性スタッフも居並ぶ中、少しの待機時間にも裸一貫で仁王立ち。「あれは故意に見せつけていたと思う」と関本が述懐するほど、その傑物ぶりたるや実に見事な逸物だったそうで「手練手管にアレが加わればそりゃあどんな女も落ちる」ほどだったと。

俊藤浩滋の娘である純子が女優志願

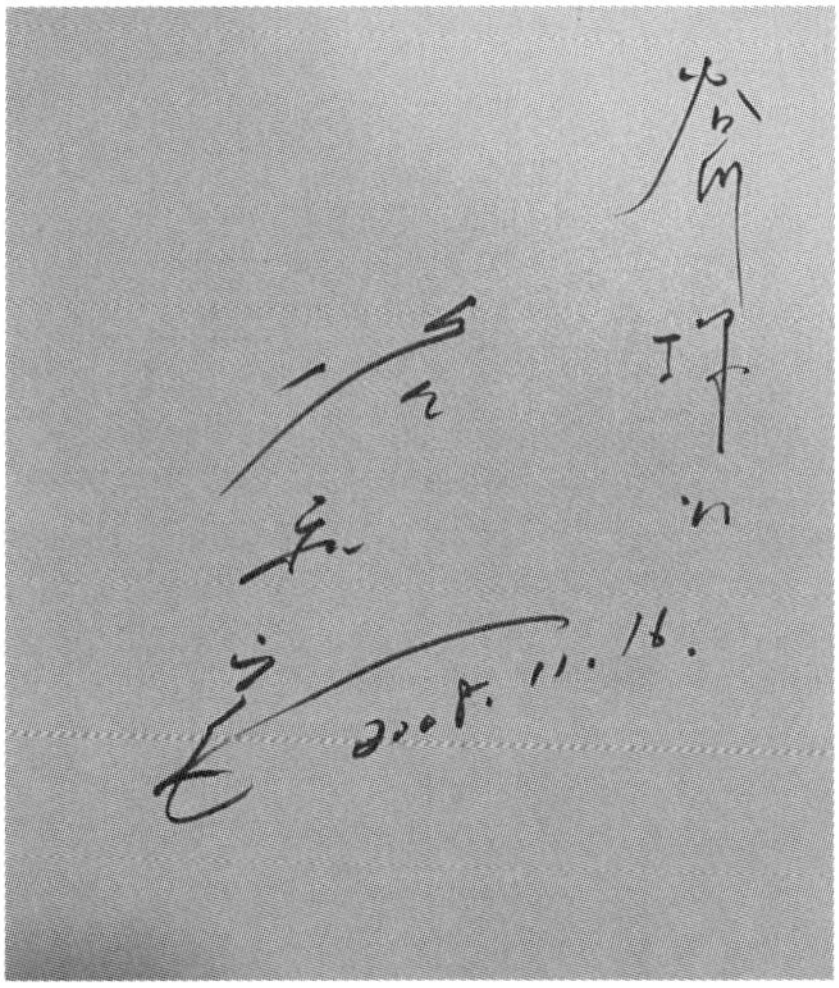

名和宏の色紙

だと聞き、東映前に在籍していた松竹へ紹介しようとした。しかし彼女はマキノ雅弘の仲介により東映で「藤純子」としてデビュー、名和は東映のプロデューサーに「父親が東映にいるのにどうして他社へ連れて行くんだ」と怒られた。藤純子は何せ父が「任侠映画のドン」、おまけにその父と親交の深い鶴田浩二も後ろ盾として「おまえら純子に手を出すなよ」と訓戒を垂れたそうで、いかな好色無頼の魑魅魍魎たる東映男優陣も恐れおののいた。また彼女自身も東映群狼の誰彼と特に親しい様子もなかった。こんな野獣だらけの会社にいれば、外部出演で出会った歌舞伎のプリンス尾上菊之助（当時）が好ましく見えたのは理の当然。「プライベートは知りませんが、おそらく東映では処女だったでしょう」とのことであった。

『将軍家光の乱心　激突』（一九八九）
降旗康男　二〇〇九年一月一一日

この日は前年一〇月五日に世を去った緒形拳の追悼上映会だった。しかし降旗監督と言えば「ケンはケンでも高倉健だろ」という声が頻りに聞かれ、私もそう思った。事実、降旗からも緒形拳とさほど交流が深かったわけではない旨、断りがあった。上映後のトーク前に降旗の音頭で緒形への献杯を済ませた後、支配人の司会で降旗とのトークショーが始まったのだが、緒形の話題は早々に、専ら東映の話がメインとなった。私はそれでも満足だったが、当日会場に足を運んだ緒形拳ファンはどう思ったのだろうか。それにしても、降旗ほど温厚篤実を感じさせる映画人は見た事がない。常に穏やかな温顔で、こちらの益体もない質問にも眉一つ顰めることなく応えてくれた。「私は監督の作品では『冬の華』（一九七八）が格別に好きです」と伝えたところ「あれは私も好きです」との答えだった。降旗のフランス趣味が全篇にわたって横溢、クロード・チアリの起用も自身の特にこだわったところだという。そもそも降旗は東京大学仏文科出身、入学以前からフランス文学に魅了されており、フランス語で飯が食えるハズはないが趣味が高じて仏文科に進んでいた。当時の同科には東映で野上龍雄、佐藤純彌、神波史男、高畑勲、他社で吉田喜重、藤田敏八、映画界以外で松村準平、大江健三郎、塙嘉彦、安藤元雄……といった実に錚々たる顔触れが揃った。この世代のフランス好きについて「戦中は米英が規制され、戦後はドイツが否定された中、フランスだけが戦前戦後を通して自由だった。フランス文化にも自由の精神があった」と語っていた。私は佐藤純彌からも『天井桟敷の人々』（一九四五）のもたらした感動を聞いたことがあるが、降旗はフランス映画よりも文学により憧憬の念を抱いていたようであった。『冬の華』は『昭和残侠伝』シリーズの後日談的な設定ながら、ヌーヴェルヴァーグ以前を含めたフランス映画の息吹を刻んでいる。東映ヤクザ映画が衰退していた当時、暴力を前面に出さず『あしながおじさん』をモティーフとしたストーリーであれば、フランス映画的テイストが出せる、と意欲を持って取り組んだそうだ。なおこの映画は当初、山下耕作が監督の候補だったが脚本を書いた倉本聰が「ト書きを含めて脚本は一字一句変えてはいけない」と言ったことに激怒し降板、降旗に代役が回ってきた。降旗はその経緯は知らなかったらしいが、倉本の主張は常のことであり「脚本変えたら怒るんだって？」と東大の後輩（倉本は美学科）にストレートに言ったところ「降旗さんにお任せします」としおらしく言ったそうだ。後で山下の経緯を知ったという降旗に「さすがに先輩が怖かったんですか」と聞いたが「と言うよりは東映を怒らせることを危惧したのではないか」と語っていた。実際には脚本にほとんど手を入れずに撮ったそうだが。また冒頭の池部良と結末の小池朝雄が共に「見逃してくれねえか。ガキがいるんだ」と同じ言葉で命乞いをする（そして共に殺される）設定が良く出来ていますね、と伝えたところ「台詞は良いけどわざとらしくて、あまり同じであることを強調しないように流した」とのことだった。

木内一裕・成瀬正孝　二〇一二年二月一八日

この日は理由は忘れたがいつものようにフィルムを借りず（借りられず？）、木内監督で成瀬が出演した作品がビデオで「参考上映」された。木内といえばきうちかずひろ名義による『BE-BOP-HIGHSCHOOL』がヤンキー漫画の金字塔としてあまりにも有名。当日の会場は東映映画も含めた同作のファンであるかつての不良が集結していた。私はこの作品を同時代で知る者としては年少に属し、初期のリアルな不良ライフよりも中年寸借詐欺師の黒ちゃんが跋扈する後期の与太話の方に思い入れが強いマイノリティである為、むしろ他の漫画や映画、小説の話が楽しみだった。木内の小説には『BE-BOP』と同名のキャラが登場するものがあり、作中で明言はされていないが後日談として読むこともできる。「同一人物と考えて良いのか」とあえて聞いたところ「読者サービスで出したので、どう受け止めてもらっても構わない」とのことだった。木内は漫画に始まり映画・Vシネマの脚本・監督、そして小説と多彩な創作活動を続けている。その片鱗は既に『BE-BOP』内に見ることが出来、不良たちが東映三角マークの男たちにシビれる様が描かれていたり、兼子信雄や片桐隆次、大前均太郎といった名前のキャラが登場していた。実兄で『代紋TAKE2』の原作者でもある木内一雅と共に東映ヤクザやハードボイルド、アクションをこよなく愛好しており、一部の監督作品では一雅が脚本を執筆している。その兄弟共作の一つであるVシネ版『BE-BOP』はかなりシリアスでハードな展開であり、那須博之監督のシリーズとは大きく異なるテイストだが、これについては「当時のシリーズ映画はアイドルが出演するような作品になっており、原作者として不満があった。その反発で全く新しいものを作ろうと意気込んだところあそこまでハードなものになった」と語っていた。そして木内はキャストやスタッフを同じチームで固めることが多いが、その常連の一人が成瀬だ。ピラニア軍団としても知られる成瀬だが「そうは思えない温厚な人だ」と木内が語り、成瀬も「自分は渡瀬恒彦と仲が良く、一緒にいたかった。その時の仲間たちが本当のピラニア軍団で、後から加わったメンバーとはそれほど深い付き合いではなかった」と後で触れる片桐と同じことを語っていた（イベントは片桐が先）。傲岸や尊大とは無縁の成瀬の人柄はこちらにも伝わってきたが、木内は俳優としての成瀬も高く評価しており、下北沢の小劇場で成瀬が一人芝居をする作品を演出したこともあると言っていた。木内の監督・脚本で成瀬も出演する作品に『共犯者』（一九九九）があるが、ハードボイルドが当たる時代ではないということで企画は相当難航したそうだ。当時の東映重役で後に社長、会長となった岡田裕介は「大体タイトルが良くない。ヒット作というものは『七人の侍』（一九五四）のように『の』が付くんだ」と語ったまでは良かったが「この映画も『蕎麦屋の共犯者』なら良い」と言い放った。『の』の話はともかくそのタイトルは冗談でしょう」と聞いたが「本気だった。これはダメだと思った」と木内は語り「プロデューサーとしての能力はない」と成瀬も同意していた。岡田自身が主導した企画も『北京の原人』だったら大ヒットしたのだろうか。

『日本の黒幕《フィクサー》』（一九七九）高田宏治
二〇〇九年四月一二日

この日のゲストは高田、翌週に中島貞夫が来場という連続企画の初週だった。広く知られる通りこの映画の監督は当初、大島渚だった。ヤクザ映画を深く研究していた大島へ「ヤクザ＋政治」でロッキード事件の児玉誉士夫を題材とするオファーが入り『天草四郎時貞』（一九六二）以来の東映登場、となるハズだった。高田と内藤誠がそれぞれ個別に脚本を執筆し、両者を折衷して完成脚本を仕上げるというユニークと言うか脚本家の人権を蹂躙すると言うか、そんなコンセプトだったという。が、脚本読みの場で大島は「こんな脚本で映画が撮れるか」と高田の脚本を投げつけた。既に数多のヒット作、話題作を出していた高田の脚本をである。己の魂が込められた原稿を拾い集め、耐え難きを耐え「どんな物語をやりたいんですか」と聞いたところ「フィクサーの娘が精神を病んで自邸の地下に監禁されている。そこで赤い靴を履いた女の子と踊っている」という設定を話した。とどのつまり高田は降板、大島と内藤によって改めて脚本が書かれたが東映との方向性が合わず今度は大島が降板、『冬の華』と同じく降旗康男の登場と相成った。元の高田の脚本をベースに大島、内藤の設定も導入され、実録路線でも暴力描写に力点を置かない降旗の演出を通して様々なテイストが混淆された独特の作品として仕上がった。劇中では田中角栄をモティーフとした総理大臣（演：金田龍之介）が山口二矢をモデルにしたであろう少年テロリストに刺殺されるという驚愕の展開が描かれるのだが、高田自身「よくあんなことをやったと思う。今では絶対に出来ない」と語っていた。左翼の首魁を刺した実在の少年が保守政権の首魁を刺す物語に転生したのは大島による発案のようだ。観客からの「角栄サイドから抗議は来なかったのか」という質問に対し「来なかった。総理まで務めた人物がそんなことで抗議をしても、自分の名前を貶めるだけだ」と語っていた。そして自身が大島に受けた仕打ちについても「東映に乗り込むにあたってナメられてはいけない、という意識が過剰な行動につながったのだろう」と相手の心境を思いやっていた。なお『仁義なき戦い　完結篇』（一九七四）については、それまでシリーズの脚本を執筆した笠原和夫が降板し高田が担当となるのだが、それについては笠原からの指名があったという。笠原から自身が準備していた資料の提供を受けたが実際には利用しなかった、という話は他でも聞いたが指名があったとは初耳だった。と言うより管見の限りでは高田登板の経緯、「どうして高田が起用されたのか」を説いた資料はお目にかかったことがない。資料に埋もれた歴史の証言としてここに書き留めておく。イベント後の退出時、高田作品の中で私が格別な愛着を抱いていた『新・仁義なき戦い。』（二〇〇〇）について少し話をした。脚本の高田、監督の阪本順治、そして主演の豊川悦司と大阪出身者が揃い大阪を舞台とした『仁義なき』。沸点越え灼熱の業火が全てを焼き尽くす深作作品と比して、静かに内臓を痛めつけ続ける低温やけどのような暗くて静かでしかし熱いという魅力を感じていた。今となっては副主人公であり音楽監督も務めた布袋寅泰による主題曲しか語られることがない作品だが（ちなみに「低温やけど」という評価は布袋が当時語っていたものだ）、私は偏愛していた。高田自身がこの作品をどう思っているのかを聞きたかったのだが「あれは私も好きだが、阪本監督の世界ですね」という評だった。当時は未読だったが後に『シナリオ』誌に掲載された脚本を読んだところ、かなりの台詞が撮影現場で阪本によって足されており、私が偏愛していた台詞はほとんど追加されたものだった。

（たにがわ・けいいちろう）

遅れてきた映画青年・自伝のようなもの　第一回
石原裕次郎にはじまる

堀井健一

石原プロ入社以来「製作担当者」として映画に係わってきた。「製作」という職掌の実際を、様々な俳優、監督、スタッフたちとの挿話とともに語っていこうと思う。

★

私の名前が初めて映画のクレジット・タイトルに製作担当として載り銀幕に映ったのは『月光仮面』である。監督は、澤田幸弘。ありとあらゆる段取りの失敗で監督からダメ担当の烙印を押された。文字通り『殺しの烙印』である。「負けて覚える相撲かな」。長嶋茂雄だってデビュー戦で4打席4三振したではないか。十八年後、Vシネマ『修羅がゆく』のシリーズの一本で再会する機会が巡ってきた。完璧に段取り、何のダメ出しもなくクランク・アップした。監督は、黙して語らず淡々としていた。日本の監督は、他のスタッフをけなすことはあってもほめることはしない。

『ミシマ』で〝奔馬〟の主人公が暗殺に失敗して逃げて崖の上にたどり着いて割腹し朝日が赫奕と昇るシーンがある。そのシーンを撮るために東の海岸沿いにロケハンをし、監督を案内した時に、「いいところを見つけてくれてありがとう」とポール・シュレーダーは言った。

『ブラック・レイン』で、鉄鋼所の中のあらゆる場所で撮影したが、只一つ該当しないシーンが出た時に「スラブの処理場は天井もない場所だから夜間に撮れば室内に見えるからどうか」と提案したら、「グッド・アイデア、

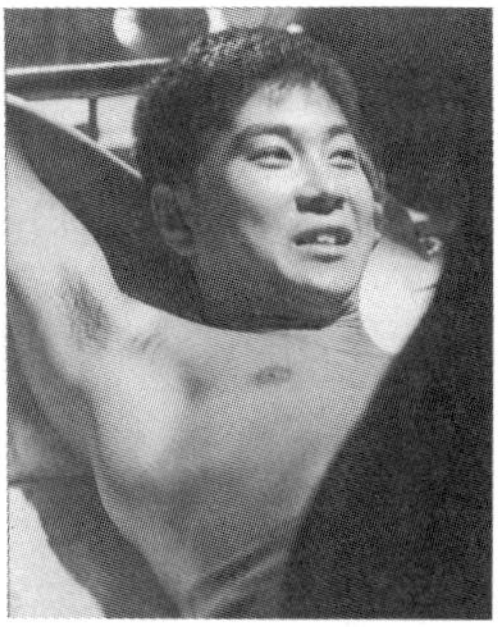

デビュー当時の石原裕次郎（鈴木義昭『石原裕次郎物語』近代映画社より）

キミハワンダフルダ」とほめてくれた。

それで運送業に転業した時に屋号を〝ワンダフル急配〟とした。

★

生まれ育った二見町には一軒の映画館もなかった。汐合からバスに乗り五十鈴川を渡り、三十分かけて伊勢市に行くしかなかった。

バス停には市内の主な映画館のポスターが貼ってあった。映画館に行き、出っ張りのスチール写真を見て、入る映画館を決めた。それも楽しみの一つであった。市内には、大映、日活、東映、東宝、松竹、新東宝の他に洋画館や二番館の十軒があった。石原裕次郎を発見してからは、日活の上映館に直行した。映画は娯楽の王様であり、映画館は夢の殿堂であった。映画館を入るとスター連中の大きな写真が観客を出迎えてくれた。五月の連休を黄金週間、ゴールデン・ウィークと命名したのは映画界である。

石原裕次郎の映画は、私を魅了した。というよりは石原裕次郎の肢体、スタイルが私を圧倒したのである。理想の男性像であった。

実家は、雑貨屋兼一杯飲み屋だった。店の中に日活上映館のポスターが貼ってあった。年に十本の裕次郎映画が封切られ、その都度ポスターを切り取り、自分の部屋に貼った。それは大学に入って上京するまで続いた。

裕次郎さんが日活から独立して石原プロモーションを設立し、第一作目が『太平洋ひとりぼっち』だと知った時は嬉しかった。「太平洋ひとりぼっち」の原作者は、堀江謙一であり、私の名と似ていた。堀江謙一と堀井健一。更に映画では、堀江でなく堀井であった。

高校二年生と三年生の夏休みに名古屋の南区の親戚の家の近くに下宿して予備校に通った。バスに乗らなくても映画館に行けた。成人向け映画にも入れた。深夜興行で『青春とはなんだ』を観た。封切り時にも観ていたからスジはわかっていたが、二度観ることで作品について考えられた。

〝青春とはなんだ〟。青春とは、青春、朱夏、白秋、玄冬の一つである。青春とはなんだ、勉強とはなんだ、大学とはなんだ、人生とはなんだ、愛とはなんだ。なんだかんだと思考は続いていく。

『太平洋ひとりぼっち』は、カンヌ映画祭に出品されたが、受賞はならなかった。この映画で裕次郎さんに英国の『素晴らしきヒコーキ野郎』に出演オファーが来た。この映画を名古屋市で観た。伊勢市では上映しなかったからである。

大学受験は、京都の立命館大学一本に絞っていた。受験の前日、大学近くの旅館に泊まった。テレビで『夜の牙』の放送があり夜更かしした。

合格しなかった。浪人を覚悟していたら、担任から連絡があり、担任の母校ならまだ願書が間に合うというのでそうした。上野のビジネスホテルに泊まった。近くの映画館で『夕陽のガンマン』を観た。

合格した。三月三十日に伊勢市駅から夜行列車に乗って上京した。母が一人、プラットホームで見送ってくれた。その日は、母の誕生日だった。

母は、名古屋から先に行ったことがなかった。箱根を越えた先にある東京など想像もつかなかった。私が結婚する折に初めて東京に来た。帰ってから「東京へはもう行きとうない。汐合が一番ええ」と近所の人々に話していたそうだ、と母の葬儀の折に焼香客の一人から聞いた。

翌早朝に東京駅に着き山手線で渋谷に出て、渋谷駅の東口から大学までバスに乗った。下宿先は大学から徒歩一分の八百屋の別棟の二階の四畳半であった。四畳半には下張りなどなかった。家賃は八千円で実家からの仕送りは一万七千円、月九千円で生活しなければならなかった。台所とトイレは共同で、銭湯に通った。『神田川』である。一緒に出ようネと言った人はいなかった。

『二十歳の原点』を観た時に、原作者の高野悦子は立命館大学の二年生で列車へ投身自殺した事を知った。あの日、同じ日に立命館大学に受験に来ていたのだと思った。微妙に淋しくなってきた。

石原プロの第二作目は、『城取り』だった。時代劇だった。司馬遼太郎の原作だったが、裕次郎さんが東大阪の司馬さんを訪ねて依頼したモノだった。司馬さんは裕ちゃんファンで、かねてより坂本竜馬の役は、裕ちゃんが一番だと思っていた。『人斬り』は、まさにそういう配役となった。

第三作目は『黒部の太陽』で、第四作目は『栄光への五〇〇〇キロ』だった。この二つの映画を観たことが私の進路を大きく変えた。商事か物産か。ではなく、石原プロモーションに入って映画をつくりたいと願うようになった。

大学四年生の秋口に石原プロモーションに電話を入れた。「社員は募集していますか」「(ややあって人が替わり)していません」。キャンパスの公衆電話ＢＯＸから出ると、自分一人が取り残されたかのように感じた。キャン

101

パスでは相変わらず学生たちがダベりながら楽しそうに闊歩していた。

　中井景さんに、手紙を出した。中井景さんは、石原プロモーションの設立者の一人だったし、映画のクレジット・タイトルに名前が出ていたし、パンフレットに苦労話（企画実現のための）を書いていた。中井景さんに直訴するつもりで書いた。

　一ヶ月後に中井景さんから返事が届いた。仲間から詰襟の高い学生服を貸してもらった。渋谷から銀座線に乗り、虎ノ門で降車し、地上に出て新橋方面に左側の歩道を歩いた。百米先のビルの二階に石原プロモーションはあった。階段を昇り、入口に立つとガラス戸に石原プロモーションとシールが貼られたのを押して中へ入った。カウンターで「中井景さんと約束した堀井です」と頭を下げた。「うかがっています」とカウンターの向こうで女子社員が言い、社長室に案内された。社長室は重役室であった。社長の机に社長はいず、隣の専務の机に中井景さんがいた。初対面であったが、映画の宣材で見て顔は知っていた。「堀井です」と頭を下げた。「よく来てくれた」と中井さんは立ち上がり、ソファーに座るように勧めてくれた。そして、歓談の後「卒業したら来たまえ」と入社を認めてくれた。辞する際に社内を見ると空いている机が二つ程あったので、あすこがオレの席かなと思ったりした。

　実はこの年の六月に公開された『ある兵士の賭け』が予想をはるかに下まわっての不入りだったために、これまで蓄えていた財力を吐き出していたのだった。ボクシング部の友だちに石原プロモーションに入ったというと、キックボクシングの野口プロモーションとまちがわれ、沢村忠か、といわれた。三船プロはプロダクション、勝プロも中村プロもプロダクション、石原プロだけがプロモーションだった。角川春樹さんはボクシング部のOBである。

　学生生活に戻ると、三島由紀夫が学生を集めて楯の会をつくるという噂を耳にした。仲間に聞くと、ギリシャ独立戦争に私兵をもって参戦した詩人のバイロンに倣ってのことだった。仲間の何人かは応募した。誘われたが躊躇した。入隊の条件に、一ヶ月の自衛隊入隊体験があったからだ。田舎から花の東京へ出て来て四年。なんで一ヶ月も自衛隊に入らねばならないんだ。性に合わないので応募しなかった。

　そして十一月二十五日がやってきた。バスに乗り遅れた思いだった。申し込まなかった悔いが残った。

が、十四年後に『ミシマ』の撮影のスタッフとなり、楯の会の制服を着て劇用車のコロナを運転し市ヶ谷の自衛隊に突入した事で少しは自分を納得させられた。〝奔馬〟の主人公の飯沼勲は、國學院大学の学生という設定だった。

高校三年生の春に、全国高校生作文コンクールに入選した。仲間と同人誌をつくろうとなって初めて小説を三十枚書いた。書いたら石原慎太郎さんに読んでもらおうという気になって、冬休みに逗子へ行った。

住所は知らなかったが、高台にある邸だと知っていたから高台の方を目指して歩いていたら、石原邸の前に着いてしまった。玄関の門扉に立ったら中から犬のウナリ声が響いてきた。ヤバイと思った。郵便受けに封筒を押し入れて足早に去った。でも、誰も犬も追いかけてこなかった。冬の誰もいない湘南の浜辺で夕方まで時間をすごした。

小田原に出て開業したての東海道新幹線のこだま号に乗り、名古屋で降りて『素晴らしきヒコーキ野郎』を観た。駅前できしめんを食べて、近鉄線に乗り、宇治山田で降りた。改札で中学校の二年先輩が切符を改めていた。

「どこへ行ったんや」と聞くので「逗子や」と答えたら、「逗子ってどこや」と言われた。この先輩も箱根から先は、中学校の修学旅行で東京見物に行った事しかないのだと思った。宇治山田から鳥羽行きの路線バスに乗り、汐合で降りて実家に帰った。家族は眠っていた。店の関東煮の竹輪と大根をいくつか食べ、風呂を焚いて入り、二階にある二間続きの自室のベッドにもぐり込んだ。小旅行の疲れが出ていたが、なかなか寝つかれなかった。

立命館大学の合格発表を見に行き、受験番号がないのを確認し、元気をつけるために京都駅前のウナギ屋で上を食べて近鉄線で帰ったら返信が届いていた。〝忙しくて読めません〟とタイプで打たれた紙と共に私の小説が同封されていた。封筒の裏にゴム印で石原慎太郎と押されてあった。風呂の焚き付けにしてもやした。

年が明けて二月になったが、石原プロモーションから何の連絡もなかった。スポーツ新聞に、石原プロモーション倒産か?との記事が出た。『ある兵士の賭け』の不入りが原因でなく、アメリカの監督や俳優をキャスティングしたために付帯する契約による請求書があとから届いて決済できない金額になったということだった。『甦える大地』を製作していたから、まさかそんな事態に陥っているとは思わなかった。逆に、『甦える大地』に狩り出されるのではないかと楽観していたぐらいだった。

不安になり石原プロモーションに電話を入れると、「中井は、辞めました」と言われた。連絡先を教えてもらって、早速電話を入れた。約束した日の約束した時間に渋谷の宮下公園の明治通り沿いにある中井さんの会社を訪ねた。再び貸してもらった学生服を着た。下宿から歩いて行ける距離だった。

入って案内を乞うと、中井さんが出てきた。「こっちへ」と促されて、広い打ち合わせ室に通された。長机と折り畳み椅子の部屋だった。壁に『伝七捕物帳』のポスターが貼ってあった。中井さんは、開口一番こう言った。「どうかネ、うちで働かないか」私は、即答した。「石原裕次郎さんと映画がつくりたいのです」

中井さんは、暫く考えている風だった。そしてニヤリとして言った。

「君は石原裕次郎が好きなんだナ」

それは、石原裕次郎と石原プロモーションを設立した当時を懐かしんで思い出している風だった。「コーヒーでいいか」私は、「ハイ」と小さく応じた。事務員が運んでくれたコーヒーを口にすることはなかった。

「副社長に紹介状を書いてあげよう」。副社長とは、石原慎太郎さんの友人で公認会計士の志賀暢之さんだった。志賀さんと面接して、正式に入社が決定した。志賀さんを副社長にしてアメリカ側の弁護士と折衝する戦略だった。

裕次郎さんがテレビの『太陽にほえろ』の出演が決まり、第一話の放送を社長室で志賀さんや銭谷功さんらと観た。「右に腕時計をはめる刑事なんているのかねェ」と銭谷さんらに言った。誰も答えなかった。さらに志賀さんは、「これで役目は終わりつつある」とポツリと言った。銭谷さんらに聞こえない様に私にだけに言った。一ヶ月後、志賀さんは会社に来なくなった。裕次郎さんの右腕時計が気になり出した。〝いつから右にはめるようになったのだろうか〟。

志賀さんのその後を知ったのは、私が石原プロモーションを辞めてプロデューサープレイヤーに入って二年目だった。日米犯罪者引渡協定の第一号としてハワイで逮捕され、日本に移送されるという新聞記事であった。

業務課長の仁村常雄さんから下宿先に電話があり、三月十五日に出社するようにとの事だった。一張羅の背広を着て出社した。

仁村さんから「この人と一緒に仕事をしてくれ」と紹介されたのが、一年先輩の高山正彦さんだった。仕事とは、『甦える大地』のポスター貼りと前売券の販売であった。大きなビルの一階にある売店を回って貼らせてもらうのである。行き先は、日本橋や丸の内、大手町だった。父が勤める神鋼電機伊勢工場の本社が八重洲にあり、父に紹介してもらい本社企画課長の田谷課長に会いに行って、一階の売店に貼らせてもらった。

しかし、どこからも前売券が売れましたとの連絡はなかった。どうして売れないのか、裕次郎映画なのに、と思った。

一般向けの試写会を有楽町のそごうホールで開くことになり、手伝うことになった。手伝うといっても、何をどう手伝うのか皆目わからなかった。わからないままにホールへ行った。

これを太田雅子に渡せと花束を渡された。出演者のゲストに太田雅子さんが花束を渡すその花束を太田さんに袖で渡す役目だった。袖にいると、太田さんがやってきた。「コレを」と花束を手渡すと、目と目が合った。「なんとキレイな目なんだ」と感じた。「これが役者の目か」と驚いた。引き込まれるような目であった。〝役者は目で勝負する〟。

しかし、出社しても机にいるだけで仕事らしい仕事はなかった。かかってきた電話を誰よりも早く取るだけであった。

裕次郎さんは病気療養のために熱海の国立病院に入院してしまった。その間の穴を埋めたのは浅丘ルリ子さんだった。松竹の『嫉妬』は松竹が撮ったが、東宝の『蒼ざめた日曜日』は石原プロモーションが下請けした。小林正彦さん（小正《こまさ》）の下に大竹克彦さんと高山正彦さんがついた。私には声がかからなかった。クランクインは代々木公園だった。出社前に顔出しした。浅丘さんに挨拶し、キャメラマンの金宇満司さんと打ち合わせをしている監督の森谷司郎さんに挨拶した。森谷さんはチラッと私の顔を見て、何だこいつはという様な顔をした。スタッフではないと感じたろう。

★

十二年後、山本又一朗さんのフィルムリンクで再会した。日テレのドキュメンタリー番組の打ち合わせをしていると、森谷さんが来社したのだ。森谷さんは、『小説吉田学校』の本づくりの打ち合わせにやってきた。私の顔を見て「お前とはどこかで会ったことがある」と突然言った。十二年前の話をすると、「そうか」とわかったようなわからないような顔をして、出迎えた山本さんと社長室に入って行った。

森谷さんの映画に『二十歳の原点』がある。監督ではなく脚色で重森孝子との共同執筆である。原作者は高野悦子――大学二年生の二十歳の時に列車に飛び込み自殺した。アンナ・カレーニナの主人公のように。高野さんの残した日記を基に映画化された。あの京都の寒い空の下で、立命館大学の受験生の中に栃木からきていた高野さんがいたのだ――。森谷さんは、こういう小品を監督したかったのではないか。『八甲田山』や『日本沈没』という大作ではなく。

それは丁度、岡本喜八が『肉弾』を監督した精神につながるのではないか。『日本のいちばん長い日』ではなく――。

岡本喜八が監督に昇進したのは、東宝が石原慎太郎を監督に起用して映画をつくることに反対した助監督らが交換条件として助監督にシナリオを提出させ、その中から一人を昇進させるとしたことである。こうして岡本喜八は監督として『独立愚連隊』を発表する。石原慎太郎の映画は『若い獣』である。原作も脚色も石原慎太郎である。

岡本喜八のエピソードを一つ。黒澤明の『七人の侍』の撮影スケジュールが延びに延びていた。加東大介は同じ頃『次郎長三国志　第五部殴込み甲州路』に出ていて、そのスケジュールがテッパッてしまった。で、どうなったか。両方のプロデューサーは、本木荘二郎である。本木さんは、「豚松殺せ」と助監督の岡本喜八に電報を打った。岡本喜八から返電が届く。「豚松　立派に殺しましょう」。マキノ正博の最後の内弟子・川平圭敬から聞いた話である。この作品から、本名の岡本喜八郎から岡本喜八と称するようになった。

黒澤組のチーフ助監督の森谷さんが『用心棒』で知り合ったのが、撮影助手の助手のそのまた助手の木村大作である。金蘭の間柄となった二人は、森谷さんが監督となったら第一作目は木村さんに撮影をまかすとの約束をかわした。しかし二人が組んだのは、十五作目の『日本沈没』であった。が、これは三人のキャメラマンの一人であった。本格的なガップリ四つは次の『八甲田山』だった。そして、高倉健と出会うのである。

私が木村さんと出会ったのは、『ミシマ』である。この映画の中で『憂国』の撮影シーンがあり、木村さんがキャメラマンの役で大クレーンに乗っていた。プロデューサーにあの人は?と聞いたら、「木村大作先生」と冗談めかして答えた。

二年後に『ロボフレンド』で本格的に仕事をした。この映画は、イスラエルの映画会社〝キャノンフィルム〟が日本を舞台にしてのロボットが出る作品だった。キャノンフィルムは、チャック・ノリスを主人公にしたアクション映画で稼いでいた。『デルタ・フォース』などだ。イスラエル人のプロデューサー、ドブ・マウズが来ていた。監督は、アメリカ人のB級映画の監督で名は知られていない。

キャメラマンの選考に難航した。各自の代表作を試写して判断したが、該当者が出なかった。ウルトラマンの映画のキャメラマンだった岡某が候補に上がったが、三分で消えた。水野洋介プロデューサーが、仕方なく『駅STATION』を観せたら「これだ」となって、木村大作に決まった。

木村さんの噂は耳にしていたから、スタッフは恐れをなし始めた。監督を監督とは思わない現場の仕切りは評判だった。深作欣二の『火宅の人』で、キャメラ位置の違いで監督をギャフンとさせていた。あの深作欣二をである。

現場に入ると、木村さんは監督の才能のなさに我慢していた。通訳を介して監督が指示する度に木村さんは右の拳を固く握りしめていた。そしてとうとう爆発した。晴海の国際展示場をデパートの表として撮影していた。監督が何か言った。木村さんが「オレが撮るから引っ込んでろ」と怒った。監督は言葉がわからずポカーンとしていた。通訳に言葉を訳させてイミがワカッタ。監督はコノヤローと殴りにかかったが、周りに止められた。木村さんは出演者の神山繁さんに「やっちゃったよ」と申し訳なさそうに言った。神山さんは苦笑するだけだった。

翌日から監督の姿は現場になかった。それでも撮影は中断することなくクランク・アップした。

ドブさんを浅草の三社祭につれていった。とび込みで神輿を担がせてもらった。観音様の守り袋を買った。観音様とキャノンフィルムと音が似ていたからだ。

★

話を石原プロ時代に戻す。

昼すぎにブラっと小正さんがやってきて少し電話をかけているなと思ったら、「オイ、映画に行こう」と誘ってくれた。ビルの前に停めてあるクラウンに乗って、高速の会社線に入って、銀座のパーキングに停めて、階段を下まで下りて日比谷映画劇場に入った。『007ダイヤモンドは永遠に』だった。観終わって「あれ、殆どタイアップだナ」と感想らしくない感想を言った。「じゃあナ」と小正さんは来た道順で帰っていった。一人で夕食を有楽町のガード下で食べてパチンコ屋に入ったら、入江若葉さんが打っていた。芸術座の中入りだった。

石原プロモーションの映画はタイアップが多い。というか、タイアップが取れる。裕次郎さんが出るからだ。『太平洋ひとりぼっち』で主人公がヨットに買い込む商品の殆どはタイアップで、おまけにヨットのマーメイドもタイアップだった。タイアップの担当は樋泉優さんだった。裕次郎さんは、ヒーさんと呼んでいた。裕次郎さんが『狂った果実』に出演した時の日活の俳優課長で、上野の映画館の舞台挨拶のために逗子から来るのでは大変だと思い上野のホテルに泊めたら「大人しく寝ていたヨ」との思い出話がある人だった。ヒーさんの下で若き小正が働いていたのだった。

三ヶ月経って正社員となった。

業務課長の寺島さんが現況を報告するために熱海の病院に行くことになった。ついでに正社員の報告をしようとなり、同行することになった。ジープで行くことになった。このジープは『富士山頂』で劇用車として使用されていた。『栄光への5000キロ』で使用された九十番の日産のラリーカーも石原プロモーションに保存され、時々社員が乗っていた。

行きは寺島さんが運転し、帰りは私がすることになった。前日、麻布十番のファイティング原田さんが経営するボクシングジム「トーア・ファイティングジム」に行って、原田さんから裕次郎さんに渡して欲しいとボクサーが減量に使うジャージーを受け取った。熱海の病院の周辺をランニングする写真が週刊誌に載り、見た原田さんがプレゼントを申し出た次第であった。

お昼頃に熱海に着いたが、寺島さんが「メシ押しでいいよな」と言うので、意味がわからなかったが「ハイ」と答えた。映画界では昼飯は十二時から、夕飯は十七時から一時間である。十二時を過ぎるならメシ押しでとなる。十七時に食べられず十八時になってしまうと抜き六と言う。『ブラック・レイン』で知ったのだが、ハリウッドのメシ時間は始まってから六時間が一回目のメシタイムとなる。朝八時開始なら十四時で、十時開始なら十六時である。ハリウッドの海外ロケでは、十二時間労働だから、二回目のメシタイムはない。そしてランチとは呼ばずに、一回のミールと呼ぶ。その他、詳しい法則があるのだが、ここでは主旨が違うので「ブラック・レイン見聞録（仮）」を書く機会があればその時に微に入り細にいり記すとしましょうか。〝細部に神宿る〟とこの前言ったら〝財布に紙やドル〟って茶化した奴がいた。

寺島さんに続き病室に入ると、裕次郎さんはベッドにいて上半身を起こしていた。寺島さんが「いかがですか」とたずねると、「まァまァだ」とつまらなそうに答えた。私は、寺島さんの少し背後でかしこまっていた。寺島さんが会社の近況を報告するのを裕次郎さんは黙って時々頷きながら聞いていた。報告を終えると「ご苦労さん」とねぎらった。

そして、私を改めて紹介した。裕次郎さんの表情がキリリとした。「三ヶ月の研修をすぎて正社員となりました」と言うと、裕次郎さんが「それはおめでとう。がんばって下さい」とニコヤカにおだやかに言った。私は〝がんばろう〟と心から思った。太陽の光をまともに浴びた気がした。

帰りも寺島さんが運転した。真鶴の駅前の定食屋で遅い昼食を食べた。アジの叩き定食だった。寺島さんがまとめて支払った。食後、一服しようとして止めた。裕次郎さんは禁煙していて、ハッカパイプをくわえていた。東京に戻ってから銀座の菊水でハッカパイプを買って私も禁煙したが、長くは続かなかった。

裕次郎さんが退院してテレ朝が特番を組んだ。東京プリンスホテルでの全快パーティの模様を収録した。受付の手伝いとして現場に狩り出された。司会者は栗原玲児さんだったが、始まる前にゲストの勝新太郎さんと口論になった。モメているらしいと受付まで伝わってきたが、原因まではわからなかった。わからないままパーティは始まった。

勝新太郎さんが〝夜霧よ今夜も有難う〟を歌って、「座頭市」さながらの目つきで台詞を言った。「歌はオレの方が上手いのに、レコードは裕次郎の方が売れる。不公平じゃありませんか、お天道様」

私の入った高校は県内でも有数の進学校であった。二見中学校でも十番以内の成績でないと受験させてくれなかった。一学期は九十位だった。二学期は七十番になった。安心してたら三学期は百二十番になり、そこから上がることはなく、卒業する頃には下から数えた方が早かった。同級生は四百人以上いた。

高校一年生の夏休み前に映画部に入った。市内の映画館に割安で入れたからだ。その内にモギリのおばちゃんと顔見知りになり、タダで入れてくれた。〝モギリよ今夜も有難う〟。

8ミリで部活のドキュメンタリーを撮ろうと各部活の担当者に交渉したら、弓道部とバスケット部と陸上競技部と野球部が協力してくれた。弓道部から撮り始めた。小林茂と仲良くなり、石原裕次郎の『栄光への挑戦』を観に行った。小林とは、彼の馴じみの喫茶店で煙草を吸った。小林は、下校中に行幸通りの坂道でオートバイ事故を起こし死んでしまった。葬儀の日、8ミリを両親に渡した。8ミリの中で小林は永遠に十七歳であり、キャメラに向って笑っているのである。撮影を続行する気が失せていた。

★

「明日、成城へ来い」と小正さんに言われて石原邸に行った。「松竹梅」のCF撮りである。初めて現場につける。たとえ十三秒のCFであろうと、一日の撮影であろうと、現場は現場である。

居間ではすでにスタッフが準備をしていた。誰しもがラフな格好だった。背広にネクタイの自分が場違いな気がした。それ以上に、何をするのか、したらいいのかわからないでいることが場違いに思えた。キャメラから離れた処、居間の片隅でボーッとしていたら、小正さんに怒鳴られた。「動けよ」。「ハイ」と頷いたが、動けと言われても何をどう動いていいのか見当もつかなかった。照明係から脚を持っててと言われてライトの脚を握った。人の脚かライトの脚かは間違えなかった。その内「黒紙を買ってこい」と用足しを頼まれて成城学園駅前の文房具屋へ行って、買って戻って渡すと「バカ」と叱られた。全紙の黒紙サイズだったのに、A4の小さいのだったからだ。

準備が整って、裕次郎さんが登場した。キャメラマンの金宇満司さんと二言三言打ち合わせをしテストを一回して本番となり、二テイクで終了した。この時、スタッフの一人が金宇さんの指示で松竹梅の瓶を少し右に動かしたり、ソファーの乱れを直しているのを目撃した。あの要領だナと感じた。キャメラマンの側にいればわかるんだと悟った。

以来、現場ではキャメラの横に立つことにしていた。キャメラマンによっては〝邪魔だ〟と感じることも、やがてわかった。しかし、現場は監督ではなくキャメラマンによって動くのである。木村大作さんには「お前はオレの横にいろ」ときつく言われた。

物撮りをして終電車間際に終わった。後片付けをしていると製作部の大竹さんが撮済を東洋現像所に持っていくと言うので、車に便乗させてもらった。五反田駅の近くで降ろしてもらった。その時に「これで何か食えよ」と千円札を一枚くれた。「ありがとうございます」と礼を言ったら、「お疲れ様」と大竹さんはニヤリと言って走り去った。亀戸駅前の屋台でラーメンを食べて六畳一間で一万五千円の家賃の安アパートに帰った。台所はあったがトイレは共同で、風呂は銭湯に通った。学生時代とは違って、社会人ともなると銭湯にいく時間もなくなり、部屋で汗を拭く回数が多くなった。

電話を引いてなかったので、寺尾聰さんからモーニングコールを頼まれると雨の日も寒い朝も着替えて京葉通り沿いにある公衆電話ＢＯＸに行かざるを得なかった。浅丘ルリ子さんと浜田光夫さんには専属のマネージャーがついていたが、寺尾聰さん、川地民夫さん、武藤章生さん、玉川伊佐男さん、信欣三さん、城野ゆきさんらのスケジュール係をした。

芸能部の責任者は銭谷功さんで小林正彦さんは映画部の責任者であった。小林さんは裕次郎さんから小正と呼ばれていた。銭谷さんを裕次郎さんがどう呼んでいたのかはあまり聞いたことがないのでわからない。

正社員のお祝いを裕次郎さんがしてくれることになった。銀座に飲みに連れて行ってくれるというのだ。その日、定時より少し早めに退社を許されて、虎ノ門から歩いて赤坂山王ビルまで行った。赤坂山王ビルはホテルニュージャパンの横にあり、クラブラテンクォーターが入っていた。力道山が刺されたクラブであった。

立教大学相撲部の百瀬博教が用心棒として働いでいて、裕次郎さんと親しくなりボディーガードのような、付人のようなことをしていた頃があった。『花と竜』では玉井組の組員の一人として出演しており、クレジットされている。

『城取り』の公開直前に拳銃不法所持の疑いで裕次郎邸がガサ入れされたが、何も発見できなかった。百瀬さんが何らかの関与をしていたようだが、百瀬さんは仁義にも恩義にも厚い人物で『仁義の墓場』か知らないが、真実は墓場まで持っていった。同じ頃、大相撲の横綱の大鵬と柏戸もハワイで買った拳銃を不法に所持していたとして処分された。二人は、隅田川に捨てたと供述した。

『文七元結』。大相撲だから、隅田川。百瀬さんなら、もし仮にそうなったらどうしたか。

三島由紀夫が安部譲二と知り合ったのもこのクラブであり、安部は用心棒をしていて不適切な客を退治した。それを見て三島さんは、安部さんからボクシングを教えてもらう。が、ボクシングはドツキアイだから頭にはよくないと言われ、作家である三島は、剣道とボディビルに転向するのである。『複雑な彼』のモデルは安部譲二で、映画化されて田宮二郎が演じた。『悪名』の清次とは大分違う。

裕次郎さんとの待ち合わせ場所は革新同志会であり、石原慎太郎さんの政治団体だった。秘書に案内された広い会議室の壁には大きな世界地図が張ってあった。地球儀ならチャップリンの『独裁者』だと思った。

会議室のドアは開けっぱなしになっていて、通路を石原慎太郎さんが通りすぎるのが見えた。通りすぎる時にチラッと私を見た。ややあって慎太郎さんが戻って来て、「君か、よくあんな潰れかかった会社に入ったもんだ。気が知れんよ」と笑いもせずに言った。私は何も言えなかった。反論しても石原慎太郎には勝てないと思った。〈『太陽の季節』は、フェリーニの『青春群像』にとてもよく似ていますねェ〉と言いたかったが止めた。

秘書がやってきて「裕次郎さんは遅れますので食事をして下さいとのことです」と言って、ＴＢＳの近くの小料理屋に案内してくれた。橋幸夫が経営する店だった。秘書が注文する料理を「私も同じ物で」と追従した。私は充分に田舎者であった。食べ終わると、タクシーで銀座に向った。クラブの前まで案内すると、役目はここまでらしく帰って行った。中に入ると眩しかった。照明の眩しさではなく、人が醸し出す雰囲気の眩しさだった。一張羅の背広に平凡なネクタイ故にだった。『肉体の門』ではなく、「ネクタイの閾」だった。

裕次郎さんは、まだ来ていなかった。「こちらへどうぞ」と片隅のテーブルに案内された。ホステスが一人横についた。店内にはあまり人が来ていなかった。宵の口だからか、二十時を過ぎて同伴出勤が増え始めた。

ウィスキーの水割りを頼んだ。一口飲んでびっくりした。飲み慣れたサントリーのレッドとは雲泥の差である。レミー・マルタンとラベルに書かれていた。レミー・マルタン！　銀座では一本五万円。ホステスのヘルパーの時給が五千円。自分の月給の額が頭に浮んだ。私の来るような世界ではないと恥じた。これからの私の新世界ではなく、別世界だ。

裕次郎さんが登場したのは二十二時頃だった。店内が明るくなった。『日本誕生』で朝潮が扮した手力男命が開けた天の岩戸から原節子の天照大神が登場し、光が差し出すかのようだった。

「飲んでるか。遠慮するなよ」と声をかけて、裕次郎さんは奥のテーブルへ行った。そこが裕次郎さんの定席であった。また、裕次郎さんが私の席にやってきて言った。十杯ぐらい飲んだろうか。酔いは回ってこなかった。

「オレの車で帰れよ。ナ」。「ハイ」と畏って答えると、裕次郎さんはクスリと笑って元の席に戻っていった。周りのホステス達がキャーキャーと声をあげて笑った。レミー・マルタンか（シルビー・バルタンか）ふと、駄洒落が浮んだ。

こういう場所でホステスとの会話も出来ず――。で、「そろそろ帰ります」とホステスに告げた。ホステスは手を挙げて別のホステスを呼んだ。そのホステスが裕次郎さんに伝えた。裕次郎さんが同じ席にいるホステスに耳打ちし、そのホステスが私の席に来て「車まで案内します」と言った。

裕次郎さんにお礼を言った。「がんばれよ」と裕次郎さんは丁寧な口調で言った。「ハイ」と答えて頭を下げた。ホステスに案内されて路上で待機しているリンカーンに乗った。「亀戸までお願いします」年配の運転手だった。「どうでした」と聞かれたので、「別世界で私の行くような処ではありません」と言ったら、彼は大きく笑い声を立てた。「よかったですネ」と言ったが、何がよかったかその時はわからなかった。また、何故裕次郎さんが「オレの車で帰れよ」と言ったのかもその時はわからなかった。

解離性動脈瘤で緊急入院したとの臨時ニュースが流れた時にソウカと感じた。裕次郎さんは、自宅以外の場所で体調不良を訴え慶應病院に救急車で運ばれたのだった。自宅以外の場所とは、どこぞや。

そのニュースの後は、倒れた場所の説明はなく、手術の成功率が3％であることが小正さんや渡さんの記者会見で発表され、裕ちゃんが大変だと日本中を駈け巡ったのである。

昭和三十年代の後半に子供の好きなのは〝巨人大鵬玉子焼〟と世間は騒いだが、裕次郎さんが倒れた時の騒ぎ方を見て、今なら何だろうか考えた。〝裕ちゃん長嶋ビートルズ〟だ。

（ほりい・けんいち）

演劇に目が眩んで

どうしようもなく、日本

片山陽一

今年はチェーホフ没後120年にあたる。そのためか、5月に続けてチェーホフ作品の来日公演を観ることになった。まず連休中に「ふじのくに⇅せかい演劇祭2024」でベルリン・シャウビューネ『かもめ』（トーマス・オスターマイアー演出）を観た。昨年3月のドイツ初演とセットがまるで違う。解説では静岡だけの《スペシャル版》と謳ったが、舞台を覆う大木を運べなかったらしく、舞台奥に山の風景が現れる（上演前半、白い布の後ろから水墨画ふうに描かれる）という苦肉の策がとられた。経済の衰えた日本でそれは仕方がないとしても、問題は舞台上にチェーホフの人物たちが立ち現れてこないことであった。トリゴーリンは実際に作家でもあるヨアヒム・マイヤーホフを配役したため、妙にそのパートが肥大して見えるし、ニーナ役だけが褐色の肌なのも気になる。アドリブや客いじりも多い。休憩含め3時間半、舞台上にロシアの風は片時も吹かず、ドイツ語で演っていたが、ドイツ演劇とすら呼べない。ベタついたナチュラリズムとリベラル思想の融合、それは謂わば「EU演劇」であった。こうしたグローバリズムに毒された公共演劇ばかりやっていると、役者は目に見えて無個性になってゆく。特徴のない声、似たような顔立ち、自然にみせる技術ばかりで人間の真実のない演技。筋は確かに『かもめ』でも、そこにいるのは役の人物ではなく、ロシア人の気質を体現しようと努めるドイツの役者でもなく、自分がドイツ人であることすら捨てた「ドイツ語で科白を喋るだけの人」であった。EU人の身の丈の生活感情の延長でチェーホフを解釈し、上演してしまう身勝手さに今更ながら呆れたのだった。

◇

5月28日、かめありリリオホールでモスクワ芸術座『決闘』（アントン・ヤコブレフ演出）の初日を観た。客席の3分の1ほどはロシア人が来ていた。セットは1杯で、モスクワと同じに組んである。休憩含め3時間、充実した演技のアンサンブルで飽きることがなかった。小説のアダプテーションにやや不満を覚えたものの、舞台には確かにチェーホフの人物たちが存在していた。先の『かもめ』は字幕だったが、こちらはイヤホンガイドが無料で配られる。だが使う必要を感じなかった。それほど演技が明瞭なのである。この一作だけでロシア演劇の現在を推し量ることは出来ないが、演技のアンサンブルが成立する程度には、役者の質、役者の個は保たれていることに安堵を覚えた。

２０１０年の冬、モスクワの劇場を回った。街は豊かで安定し、差別がなかった。チェーホフ生誕150年の時で、モスクワ芸術座『かもめ』、フォメンコ工房『三人姉妹』、ワフタンゴフ劇場『ワーニャ伯父さん』、どこも競ってチェーホフをかけていた。また別のレパートリーだったが、マールイ劇場のユーリー・ソローミン、モスクワ芸術座のオレーグ・タバコフ、エトセトラ劇場のアレクサンドル・カリャーギンといったソ連時代からの名優を観ることができた。18年にタバコフが、今年1月11日にはソローミンが亡くなった。驚くべきことに『デルス・ウザーラ』に主演したソローミンの死を報じたのは産経・読売・朝日・時事通信で、NHKや毎日・日経などは報じた形跡がない。黒澤映画の俳優をかくも疎かに扱った例は嘗てなかった。第3次オバマ政権＝バイデン政権にウクライナの復興すなわち金の工面を押し付けられた岸田政権下で、メディアはここまで根拠のない「反露」情報統制を推進しているのである。真の権威主義は日米の側ではないか。閑話休題、ソ連時代を生き延びた役者たちの後の世代が、演技面でどう変化してゆくのか、大変気になっていた。国家体制としての共産主義には、その国の気質を強固に持続させる逆説的な一面がある。それが西側に付き従ったゴルバチョフやエリツィンの時代を経て崩れ去るのではないかという危惧。しかし、驚異的にGDPが成長したプーチン政権下で、ロシア人は自らのアイデンティティを正常に保っているように見える。さもなくば日本にいる同胞の前で、自分たちのロシア人気質を体現することなどできはすまい。日本の役者が同じことを海外の同胞の前でできるだろうか。アイデンティティを保てていないのは私たちのほうなのだ。

◇

日本語や日本人の身体を引き受けなくては、日本人は演技のやりようがない。古典となれば尚更である。『決闘』のあと、ふと思ったのは戦前の歌舞伎役者たちだった。明治維新後、様々な演劇の改良が行われ、西欧化した部分も少なくないが、日本人であることを自己否定する方向に進むことはなかった。明治に生まれ、終戦後に亡くなった六代目菊五郎や初代吉右衛門の世代の輝きは、日本人であることに誇りを持つことができた近代の充実と重なるのではないか。誤解を恐れずに言えば、ナショナリズムが演劇の充実をもたらすのである。

ひたすら自己否定を続けてきた戦後演劇のアイデンティティは、新派・新国劇どころか新劇すら結局衰滅させた。実のところ、戦後どうしようもなく日本人だったのは唐十郎や鈴木忠志であり、その芝居に熱狂した人々もまたどうしようもなく日本人であった。特権的肉体とは自己否定しないアイデンティティなのである。だから、作・演出の意図を超え、紅テントは左翼文化人にとって田舎者のままでいることを肯定してくれる空間なのだった。いま読み返すと、鈴木忠志の文章には愛国者と見紛うばかりに三島由紀夫を理解しているものもある。演劇が光り輝く秘訣は此処にあるのだが、まばゆさに目が眩んだ観客は、その手に何も摑めぬまま、自己否定の日常に帰るだけなのだ。どうしようもない日本人！

（かたやま・よういち）

独立系成人映画再考
脚本篇⑥

落語家たちの活躍

東舎利樹

石倉保志（1952〜）は山梨県出身で明治大学政治経済学部を中退し、新藤兼人「絞殺（79）」今井正「ひめゆりの塔（82）」などの助監督を経て、中田新一「海に降る雪（84／中田と共同）」や前述の『女暴行魔〜』に出ている井上あんりの主演作でビデオマガジンが製作しロマンポルノ枠で公開された松井稔『美女レイプ狩り（87）』山下耕作「アナザーウェイ D機関情報（88）」といった映画、そして「森村誠一サスペンスシリーズ（01〜08放送）」「捜し屋★諸星光介が走る！（04放送）」などテレビドラマの脚本を執筆。なお『美女〜』の照明・小野弘文は新藤の「濹東綺譚（92）」や、新藤&石倉が脚本を手がけた松井稔演出の土曜ワイド劇場「美人OL殺し（94・9・3放送）」などの照明助手を経て、伊藤正治『浴衣未亡人 乱れ肌（98）』大門通『義母の淫臭 だらしない下半身（99）』や岡野正広&河田成人&楠本直樹&久保年旦の4監督による全9話（3部作）のオムニバス「日常恐怖劇場 オモヒノタマ 念珠（03：衛星劇場で放送／04：劇場公開）」などの照明を。また『義母の淫臭〜』の撮影・天野健一は特撮ドラマ「ミラーマン（71〜72放送／特殊技術）」や土居通芳「毘沙門天慕情（73）」坪島孝「鬼輪番（74）」などの撮影助手を経て、永田貴士「ラッコ物語（87／片岡二郎・松井由守らと共同）」勝利一『浮気妻 したがる三十路（98）』などの撮影を。

崟《たかし》利《とし》子《こ》（1952〜）は大阪府大阪市生まれで、関西で自主上映を手伝っていた頃に「草とり草紙（85）」の上映会で知り合った福田克彦の16㎜作品「暮らしがみえるまち 東久留米（92／28分）」に助監督として参加。鈴木章浩と立ち上げた「東京レズビアン・アンド・ゲイ・フィルム・フェスティバル」は1992&93年に渋谷「パルコ・スペースパート3」にて開催され、雑誌「銀星倶楽部17 特集：クィーア・フィルム」〈ペヨトル工房〉には、とちぎあきら×崟利子の対談「レズビアン・フィルムの現在・過去・未来」が載っている。また、1998年に崟が初監督した「オードI」や「西天下茶屋・おおいし荘」は山形国際ドキュメンタリー映画祭'99にて上映され、「Blessed ―祝福―（01）」はニヨン国際ドキュメンタリー映画祭で特別賞を受賞しているが、鈴木章浩が監督したゲイポルノ映画『天使の楽園（99）』の脚本を黒澤潤&鈴木と共に〝タカシトシコ〟名義（ポスターでは〝タカシ〟と表記）で執筆。なお、2005年12月に茅場町「ギャラリーマキ」でスタートした新作上映会「季刊タカシ」は2013年まで17回継続し、その後は西荻窪「とびうおkitchen」に会場を移したものの、2018年2月の「季刊タカシ2018晩冬」以降の開催状況は不明（とびうおKitchenは2019年5月に閉店）だが、崟監督が在住する兵庫県伊丹市内の風景を捉えた「伊丹シリーズ」の制作は継続しているようで、２０２２年12月にはダンサー・川村浪子の人生をドキュメンタリー映画として描いた崟の監督作「ゆっくりあるく（21）」のプレミア上映が神戸映画資料館でおこなわれた。

黒澤潤（１９６４〜）は多摩美術大学美術学部芸術学科在学中に同期と結成したバンドで数年間活動したのち、映像作家の萩原朔美に師事して映画制作を始め「悪趣味な私の一人称（88／3分）」「東京天使病院（89／4分）」といった8㎜や「片足の神様（94／12分）」「Un Ange Passe（95／14分）」といった16㎜、そして「ｐｂ（03／2分）」といったＤＶの短編作品などを監督し、１９９３年のロッテルダム国際映画祭で正式招待作品として上映された初長編「猫耳」はヨーロッパの25都市でも巡回上映され好評を得たが、『天使の楽園』の脚本をタカシ＆鈴木と共同執筆しており、撮影監督（ポスターでは〝ジュンキチ〟と表記）も担当。ちなみに黒澤が演出した東京室内歌劇場35期特別公演「サテュリコン（04）」の映像アシスタントだった玄聖愛《ヒョンソンエ》は土屋周市監督の東京ビジュアルアーツ卒業制作で黒澤も出演した16㎜の短編「湧く赤（04／25分）」で撮影を手がけ、関根和美『女探偵　おねだり七変化（05）』『義理の妹　いけない発情（05）』内田英治「地球でたったふたり（08）」などで撮影助手を。

二代目快楽亭ブラック（１９５２〜）は東京都町田市出身で在日米軍兵士の父（朝鮮戦争で病死）と日本人母との間に生まれた落語家だが、荒木太郎『喪服妻　湿恥の香り（00）』では脚本執筆＆落語家役で出演もしており、元「週刊プロレス」編集長のターザン山本（１９４６〜）も作家の稲田和弘役で特別出演。ブラック師匠は現在の芸名に至るまで16回もの改名を繰り返した事でも有名で、稲尾実『痴漢各駅停車　おっさん何するんや（78／桂サンＱ）』山本晋也『未亡人下宿　のり逃げ（79／立川談トン：ポスターでは「立川談とん」）』『密室ドキュメント　急所いじめ（81／立川レーガン）』滝田洋二郎『痴漢電車　満員豆さがし（82／立川丹波守）』『痴漢電車　ちんちん発車（84／立川世之介）』吉岡昌和『三次元透視　ＳＥＸウルトラアイ（84／立川与ノ助↑〝世之介〟の誤植？）』深町章『痴漢電車　終点までいかせて（85／立川小錦）』『日本発情列島ONANIE百態（92／立川平成）』といった名義で出演。北見一郎『緊縛色地獄（80）』中村幻児『濡れた唇　しなやかに熱く（80）』西田洋介『痴漢エロ泥棒（80）』などには〝立川ポルノ〟名義で参加しているが、大蔵映画から出演依頼があったとき〝立川大蔵〟名義で出るつもりが会社のイメージダウンになるからやめてくれと言われ〝立川ポルノ〟にしたらしく、雑誌「ZOOM〜UP SELF」〈セルフ出版〉での原稿執筆時は〝立川ズームアップ〟を、「映画タウン」〈壱番館書房〉では〝立川映画タウン〟を使用。ちなみに『〜おっさん何するんや』で共演した川口朱里（1957〜）と《東梅田シネマ》で結婚式を挙げている（仲人は〝桂サンQ〟時代の師匠・桂三枝〈現：六代桂文枝〉）が、川口も小林初江／森浦初江／水野まどか／北佑子／北裕子／神山市子／浜口じゅん／川口朱理など様々な名義で映画に出ており、劇場結婚の様子は山本晋也の著書「わたしは痴監（79刊）」〈レオ企画〉でも紹介されている。

なおピンク映画に出ている落語家には以下のような人々もおり、生年順に挙げてみる。

二代目露乃五郎（1932〜2009）は、大阪の成人映画ファンが作った「ピンクリボン賞」とテレビの深夜番組「11PM」が連動する形で企画され、第1回女優賞を受賞した鹿沼えり&新人賞の麻吹《まぶき》淳子らを起用し、藤本義一の「好色つれづれ」を原作に渡辺護が監督した『好色花でんしゃ(81)』で浦島役を演じている。

立川談志（1936〜2011）は杉江敏男「落語野郎　大脱線（66／無職文吉役）」大林宣彦「理由（04／宝井辰雄役）」といった一般映画や、藤浦敦『出張トルコ　また行きます（78／立原談吾役）』『絶倫海女　しまり貝（85）』といったロマンポルノ作品、そしてマイルストンが製作&ロマンポルノ枠で公開された山本晋也『愛染恭子の未亡人下宿（84／風呂屋役）』などに出ており、落語立川流Bコースに入門し〝立川鬼六〟という高座名も持つ団鬼六が監督したピンク映画『紅姉妹　前後編（02）』には石立鉄男（1942〜2007）と共に特別出演。また、山本暎一「千夜一夜物語（69／競馬シーンの観客役）」竹内啓雄「ジャングル大帝（97／ハム・エッグ役）」といった劇場版アニメの声優も。

二代目橘《たちばな》家《や》文蔵《ぶんぞう》（1939〜2001）は東京府東京市小石川区（現：東京都文京区）生まれで1955年八代目林家正蔵（のちの林家彦六）に入門して林家勢蔵となり、1968年の真打昇進時に橘家文蔵を襲名しているが、稲尾実監督が〝深町章〟に改名して最初の作品『人妻プライベートONANIE（85）』のポスターに〝橘家文蔵〟とクレジットされているものの役柄は不明。

柳《りゅう》亭《てい》風枝《ふうし》（1945〜）は東京都葛飾区亀有生まれ四つ木育ちで葛飾野高等学校を卒業し、1963年6月に二代目三遊亭百生に入門して〝三遊亭百助〟を名乗るも1964年に百生が没したため五代目柳家つばめ門下へ移って〝柳家とんぼ〟で二ツ目となり、つばめの没後は五代目柳家小さん門下に移籍して〝初代柳亭風枝〟として1979年に真打に昇進しているが、ロマンポルノ枠で公開された小路谷秀樹『ザ・拷問　令嬢篇（86／製作：バトルロイヤル）』高槻彰『ザ・本番　女体フルコース篇（86／製作：日本トップアート)』や三池崇史「金融破滅ニッポン　桃源郷の人々(02)」などに出演。

春風亭柏葉《はくよう》(1948〜)は東京都台東区浅草生まれで駿台学園高等学校を卒業し、1965年3月に春風亭柏枝(のちの七代目春風亭柳橋)に入門しているが、やはり『ザ・拷問　令嬢篇』に出ており、1987年に柳亭燕路門下へと移り〝柳亭燕福《えんぷく》〟と名を改めた。

深町章『人妻プライベート ONANIE(85)』。橘家文蔵のクレジットが確認できる。女優は主演の涼音えりか

林家ばん平(1948〜)は東京都豊島区目白生まれで高校中退後に新宿での3年間のフーテン暮らしを経て1967年3月林家三平に入門し〝新宿の海坊主〟なる異名の落語家として活動をしながら西川口で酒場「海坊主」も経営していたが、小林正敬(＝悟)『団地妻白書　淫乱肌人妻賭博(75)』向井寛が監督した東映東京撮影所製作の成人映画『東京ディープスロート夫人(75/ジーンズの男役)』テレビドラマ「同心部屋御用帳　新・江戸の旋風《かぜ》/第1話:誓いの八丈太鼓(80・1・10放送)」などに出演。80年代末〜90年代初頭までには廃業したらしく、その後の消息は不明。

笑福亭鶴光(1948〜)は

ユニバース・プロが製作&東映が配給した向井寛『宇能鴻一郎原作 むれむれ夫人（78）』に出演し、小松方正（1926～2003）／大泉滉（1925～1998）／砂塚秀夫（1932～）／ウクレレ漫談家の牧伸二（1934～2013）や、ドンキーカルテットのメンバーで後に代々木忠のAV作品「サイコ催眠エクスタシー」シリーズに催眠術師として参加するジャイアント吉田（1936～）らと共演。

なお、大泉は秋津隆二『温泉芸者 のぞき風呂（77）』山本晋也『にっぽんポルノ 津軽姫祭り（79）』などにも出ており、『温泉芸者～』では梅津栄（1928～2016）や前に取り上げたコメディアンの田中淳一（1921～1977）らとも共演。

小林正敬（小林悟の別名義）『団地妻白書 淫乱肌人妻賭博 (75)』。東活 (松竹系の劇場でピンク映画を配給していた会社) のポスターに特徴的な桜のマークがあしらわれたデザイン。林家ばん平のスチール（左下）を使っているのは当時人気だったからか。女優は主演の青木呉羽か

月亭八方（1948～）／桂小軽《おかる》（1950～）／桂きん枝（1951～／2019年「四代桂小文枝」を襲名）／漫才コンビの松みのる（1953～）杉ゆたか（1952～）／漫才コンビの横山アラン（1954～）横山ドロン（1955

6〜）／ピン芸人の村上ショージ（1955〜／当時は「村上昭二」名義）らが萩原芳樹の項でもふれた平川弘喜『松本竜助のハイ、本番です（83）』に友情出演し、山本晋也監督も特別出演という形でエンディングに登場。また《演劇団》の塩野谷正幸や坂上雅一らも同作品に出ている。なお、平川の『女高生（秘）課外活動（81）』で若い男B役を演じた田村ガン（1953〜）は埼玉県出身で元々は漫画家志望だったが、18歳のとき「東京宝映テレビ株式会社（現：宝映テレビプロダクション）」の研究生となって2年間演技の勉強をしたのち、ドラマのオーディションを受けるため日本テレビへ行った際に東京放映などで美術の仕事をしていた稲川淳二（桑沢デザイン研究所専門学校研究科卒／タレントや怪談師として活躍）と出会って意気投合し、林邦史朗主宰の剣友会《若駒プロ》に入ったり歌舞伎座の芝居に参加するあいだも稲川との交流は続いていたが、1981年頃から稲川のマネージャーも兼任するようになり、佐々木良『Bカップ　満乳（88／小さな広告代理店の社長・田島役）』などに出る以外に「芸能界エンマ帳―あるマネージャーの大暴露（89刊）」〈データハウス〉を上梓したり、やはり稲川のマネージャーだった鈴木淳（現：鈴《すず》田《た》之《の》神《かみ》助《すけ》）がヴォーカルの3人組コミックバンド「DAN《ダン》・GAN《ガン》・CLUB《クラブ》」名義でCDシングル「会社づとめのロックンローラー」を同年にリリースしたり、服部光則「丹波哲郎の大霊界2　死んだらおどろいた!!（90／稲川と共演）」や心霊スポット紹介ビデオ「ミステリー・ドライビング　稲川淳二と田村ガンの関東心霊スポット（92・6・21発売／稲川と共演）」テレビドラマ「最後の恋　単身赴任課長が愛した女は人妻だった！妻子持ちの管理職ギリギリの選択（97・5・12放送）」などに出るほか、「田村ガンの暴露ビデオ　ど・迫力（90・4・25発売）」〈TOKYOパリス〉「田村ガンの暴露ビデオ　ばつくれ！（90発売）」〈ロイヤルアート〉といったAVの監督作もあり、三宅雅之「心霊2　踏切に立つ少女（97・7・26発売）」稲川淳二「心霊2　まちぼうけ（97・7・26発売）」といったOV作品のプロデューサー（本島章雄・新井正明と共同）もつとめ、山下耕作「夜汽車（87）」山城新伍「やくざ道入門（94）」といった映画や「裏刑事」「七人の女弁護士」「サラリーマン金太郎」といったテレビドラマへの出演歴もあるらしい。

三遊亭とん楽（1957〜）は五代目三遊亭圓楽の弟子で圓楽一門会の会計責任者などもつとめているが、裏ビデオ「洗濯屋ケンちゃん」で有名な藤井智憲が監督したピンク映画『いんらん夫婦　官能の夜（93）』では中年オヤジ役を演じており、マギー司郎の一番弟子であるマギー隆司《たかし》（1955〜）がバイブ男役で、《WAHAHA本舗》所属の俳優&お笑い芸人である飯塚俊太郎（1961〜）がマゾ男役で共演。『〜官能の夜』でみどり役を演じたおいけ家金魚（1957?～）は東京都足立区出身で千葉大学教育学部教育心理学科を卒業して1987年より人形劇の世界に入り、（財）松戸市おはなしキャラバンや（株）エッコワールドなどを経て、1993年に〝おいけ家まりも〟とのコンビで立ち上げた女性二人組の人形劇ユニット「座・まりりん」や人形劇団「ぱぴぷぺぽ劇場」の代表をつとめるほか、落語（七代目むかし家今松に師事）やフルート演奏（不二原照子に師事）なども手がけている。ちなみにマギー司郎の二番弟子としてアシスタントをつとめたのち俳優へと転じた青木和彦（1962～）は、小川和久（＝欽也）のゲイポルノ映画『光る少年（89）』やピンク映画『美女暴行現場（91）』『性魔術 今夜は好き女（94）』などに出演。

桂三若《さんじゃく》（1970～）は桂三枝（現・六代 桂文枝）の弟子で、2007年4月から一年間にわたりバイクに乗って47都道府県を回り470回の落語会を開催した記録をまとめた「ニッポン落語むちゃ修行（08刊）」〈寿郎社〉や「桂三若 いろはに秋田（15刊）」〈秋田魁新報社〉といった著書もあるが、第1回OP PICTURES新人監督発掘プロジェクトで優秀賞に輝いた横山翔一のピンク映画監督デビュー作『絶倫探偵 巨乳を追え！〈R15＋版：新橋探偵物語〉（18）』では新橋のキャバクラでバイトをしている女優の卵・ユミカ（演：春原未来）に「テレビ局のプロデューサー紹介したろうか？ そのかわり…」と胸を揉もうとして突き飛ばされる常連客の桂三若（本人？）役として冒頭場面に出演している。

瀧川鯉之助《こいのすけ》（1972～）はゲイポルノ映画『天使が僕に恋をした（02）』やピンク映画『女曼陀羅 七人の絶頂《クライマックス》（03／松浦昌也役）』『隣のお姉さん 小股の斬れ味（03）』といった荒木太郎作品の常連で、「落語家瀧川鯉之助が語る メイキング・オブ・天使が僕に恋をした」というカセットテープも自主制作。2010年5月に〝十代目春風亭傳枝《でんし》〟を襲名した後も『息子の花嫁 いんらん恋の詩（15）』『色慾怪談 ヌルっと入ります（16）』などに出演。なお、荒木の『熟女どスケベ不倫（13）』の撮影助手・末松祐紀は村田唯「密かな吐息（16）」で照明を、浦嶋嶺至「憂恋《ゆうれん》の花（11）」松本優作「Noise（19）」などでは撮影を担当している。

西ゆうじ（1953～2013）は福井県坂井郡丸岡町（現：坂井市）出身で桜美林大学を卒業し、1975年に入学した「美学校」の映画技作工房で講師をつとめていた鈴木清順にドラマの共同脚本（作品名不明）に誘われたのがキッカケで放送作家としての活動を始め、テレビやラジオ「笑福亭鶴光のオールナ

イトニッポン（74～85放送）」「夜のドラマハウス（76～83放送／さらだたまこ（↑本連載で後述予定）・歌手のつボイノリオ・大学生だった秋元康なども放送作家グループとして参加）」など1万本以上ともいわれる番組の台本を担当。また、オールナイトニッポンのパーソナリティでもあった深野義和のシングル「愛《いと》しすぎて（79発売）」の作詞や笑福亭鶴光のシングル「すんまへ～ん！『あっごめん！』～サラリーマン編（80発売／作詞・作曲：吉幾三）」の補作詞を手がけるほか、珠瑠美『ウィークエンドONANIE（85）』の脚本も執筆。雑誌「ビッグコミックオリジナル　１９８５年8月15日増刊号」掲載の読切作品「スローラブ（作画：あきやま耕輝）」で漫画原作者としてデビューした西は、その後も「華中華（作画：ひきの真二）」「家庭の事情（作画：おだ辰夫）」などの原作を手がけ、「ふ～ふ生活（作画：はしもとみつお）」「これで家族（作画：杉江雅巳）」「蔵の宿（作画：田名俊信）」「あんどーなつ（画：テリー山本）」などはテレビドラマ化もされ、「ギョー界すっぴん物語《ストーリー》―業界人・タレントの笑える話、笑えない話（97刊）」〈ゲオ〉「クラシックカメラ物語（98刊）」「クラシックカメラ劇場：クラシックカメラで撮る楽しみ（99刊）」〈主婦と生活社〉といった著書も上梓したが、胃癌のため59歳の若さで亡くなった。

縞田《しまだ》七重《ななえ》（１９５４～）は千葉県千葉市出身で日本大学芸術学部放送学科卒。広告代理店勤務を経て日本放送作家協会主催のシナリオ講座基礎科を修了し、中村幻児『セミドキュメント処女失神（77）』『赤い娼婦　突き刺す（81）』和泉聖治『女高生　異常体験（79）』曽根中生「太陽のきずあと（80／曽根・田中雄二らと共同）」渡辺護『緊縛色情夫人（80／小水一男と共同）』『緊縛　白衣拷問（82）』釜田千秋『ザ・クライマックス！　ロリータ凌辱（85）』瀧澤正治「ベースボールキッズ（03／瀧澤・わたなべけんいちと共同）」などの脚本を手がけており、和泉の『女子大生　激撮！　剝ぐ（80）』の脚本家〝縞田七郎〟も縞田の変名or誰かとの共同筆名か。雑誌「女性自身」〈光文社〉に載った漫画「エローラの棘」「ある日遺産が」（いずれも掲載日不明）などの原作も手がけたらしく、２０１４年に小説「宇喜多秀家の松」〈論創社〉も上梓。２０１８年4月20～22日には原宿《DESIGN FESTA GALLERY》にて「NAna Koike×縞田七重『ななつのせかい』」という二人展があり、娘であるNAna Koikeの絵画作品と共に縞田が執筆した台本も展示された。なお『赤い娼婦～』にはNHKの大河ドラマ「竜馬がゆく（68放送）」「新・平家物語（72放送）」や大野裕司『マントルSEX　ベッドで殺して（82）』などに出ている内村健治（１９４２～）が出演し、『マントルSEX～』で共演した八代康二〈康次〉（１９２３～）は古川卓巳「太陽の季節（56）」井上梅次「嵐を呼ぶ男（57）」中平康「危いことなら銭になる（62）」といった多くの日活作品に脇役として、ロマンポルノ路線に変更後も小沼勝『花と蛇（74）』神代辰巳『悶絶!! どんでん返し（77）』小原宏裕『後から前から（80）』などに出ている。また『～白衣拷問』の撮影助手・渋田健司は梅沢薫『犯し魔変態リンチ（82）』『新妻真昼の暴行（83）』畑正憲「子猫物語（86）」などの撮影助手を経て、吉田照美「バネ式（02／西村聡仁・蜂谷元浩と共同）」の撮影を担当。そして『～ロリータ凌辱』に出ている志賀圭二郎（1948～）は愛媛県宇和島市生まれで県立宇和島南高等学校を卒業後の1969年1月に役者をめざして上京し、日本演技アカデミー学院（↑かつて西田敏行も通っていた）第4期生（夜間部）となり、在学中の同年秋に組長のボディガード役を演じた柳瀬観「やくざ番外地　抹殺（69／〝志賀正文〟名義）」が俳優デビュー作で、市村泰一「涙の長し唄　命預けます（70）」や村川透『哀愁のサーキット（72／バイク乗り役）』蔵原惟二『セックス・ライダー　傷だらけの欲情（73／林幸子《さちこ》の兄・一郎役）』といったロマンポルノ作品などに出たのち〝志賀圭二郎〟と名を改め、李學仁「詩雨おばさん（77／詩雨役）」蔵原惟繕＆深作欣二「青春の門（81／鄭奔一役）」若松孝二「われに撃つ用意あり（90）」早瀬憲太郎「ゆずり葉―君もまた次のきみへ―（09）」片岡秀明「絆《きずな》～庵治石の味～（13／石職人の田島源次郎役）」といった30本以上の映画に出たり、「新 木枯らし紋次郎／第3話：四つの峠に日が沈む（77・10・19放送／浪人の大滝役）」「春日局／第6回：一族再会（89・2・12放送／蜂須賀家政役）」「特警ウインスペクター／第43話：爆弾になった少年（90・12・2放送／今泉茂役）」「任侠ヘルパー／第2話：頑固ジジイの涙（09・7・16放送／寺内啓治役）」「家売るオンナの逆襲／最終話（19・3・13放送／「マジック7」のスプーン曲げ担当〝ウチのゲラー〟役）」「CODE　償いの代償‐／Episode 2：婚約者殺害の真相…謎のアプリで新たな犠牲者（23・7・9放送／蕎麦屋の店員役）」といったテレビドラマや「I am GHOST（09・10・20～配信／BeeTV／金井役）」「列島制覇‐非道のうさぎ‐／第7話（21・7・9～配信／U-NEXT）」といった配信ドラマ（2023年までに少なくとも計160話以上）など、そして「狂風記（04・1・30～2・11／アートスフィア／シマ役）」劇団東京ヴォードヴィルショー「エキストラ（08・1・8／福井市文化会館／名主役／作・演出：三谷幸喜）」「銀河英雄伝説　輝く星　闇を裂いて（12・11・15～18／東京国際フォーラム ホールC／リヒャルト・フォン・グリンメルスハウゼン役）」といった舞台に出るほか、単行本「牛鬼《うしょおにん》が見た夢　戯曲・エッセー（97刊）」〈壮神社〉を上梓しており、日活映画人総勢108名の証言や完全版フィルモグラフィーなどをまとめた「日活　1971～1988：撮影所が育んだ才能たち（17刊）」〈ワイズ出版〉には志賀のインタビュー「心までハダカになたロマン・ポルノの現場」が収録されている。

今成宗和《いまなりむねかず》（1954〜）は新潟県上越市出身で長岡工業高等専門学校機械工学科を卒業し、監督を目指して映画界に入り、松本正志「俺の空（77）」に製作係として参加。助監督などもしていたようだが作品名は不明で、1982年に入社したデザイン会社でコピーライターやグラフィックデザイナーとして働きながら、廣木隆一『白昼女子高生を犯す（84）』の脚本を執筆。1985年フリーランスとなり独学でマーケティングを学び、現在は「東京ライフスタイル研究所」「ロータス・ステュディオ」などの代表をつとめ、2008年には〝橘カオル〟名義で自主映画「おとうふ（08／52分）」の総監督&脚本&編集を、今成名義でプロデューサー&原案を担当。ちなみに息子の今成夢人《ゆめひと》（1985〜）は多摩美術大学の卒業制作である短編ドキュメンタリー映画「ガクセイプロレスラー（10）」や、その長編ヴァージョン「ガクセイプロレスラー垂直落下式学園生活（11）」などを監督し、現在は「DDTプロレスリング」に映像班として所属しながらのDDTの衛星団体「ガンバレ☆プロレス」のプロレスラーとしても活躍中。

伴《ばん》一彦（1954〜）は福岡県出身で日本大学芸術学部映画学科脚本コース在学中から既出の脚本家・石森史郎に師事し、藤浦敦『色情海女 ふんどし祭り（81）』『白薔薇学園 そして全員犯された（82）』といったロマンポルノ作品や日本トップアートが製作&ロマンポルノ枠で公開された林功『セックスメイド・お掃除のあとで（84）』などの脚本を手がけており、その後は「君の瞳に恋してる！（89放送）」「逢いたい時にあなたはいない…（91放送）」「ストレートニュース（00放送）」「デカワンコ（11放送）」などテレビドラマでの仕事が多いが、松浦雅子「デボラがライバル（97）」ハン・サンヒ「初雪の恋 ヴァージン・スノー（07日韓合作）」といった映画の脚本も。

（ひがしや・としき）

65号の訂正

★目次&85ページ 脚本篇④↓脚本篇⑤

★85ページ 関本郁夫「スクール・ウォーズ HERO（04／山田立と共同）」〜「福田村事件（23／井上淳一・荒井晴彦と共同）」までの文は、望月六郎「でべそ（96）」のすぐあとの部分に入ります。

★87ページ 「〜演劇科の3期生となったのち入学後に」↓〝入学後に〟を削除。

★89ページ 伊丹十三「マルサの女2」の前に、釜田千秋『ザ・クライマックス ロリータ凌辱（85）』が入る。そうでないと照明・馬野雅由の記述が不自然（↑突然『〜ロリータ凌辱』が出てくる）になるので。

沼崎肇　1956年生まれ。寺田農、中尾彬の各紙死亡記事に、前妻たち・高橋紀子、茅島成美への言及が無いのは、御本人たちがイヤがってるのかしら？　フジコ・ヘミングのそれに実弟・大月ウルフの名が無いのは、記者が無知なんだろうな。

長谷川康志　1978年横浜生まれ。双子座・AB型。酒豆忌（中川信夫監督を偲ぶ集い）実行委員。座右の銘「人間　いちばん　あかん」（中川信夫）

東舎利樹　1966年生まれ。今年の3月に足立正生『性遊戯』に出ていた舞踏家の中嶋夏さんが、5月には若松孝二『犯された白衣』に出ていた唐十郎さんと、山本晋也『未亡人下宿』シリーズの尾崎クン役などで有名な久保新二さんが亡くなられたとのこと……合掌。

藤元直樹　1965年生まれ。昭和のはじめまで、新聞は面と面の隙間に追加記事を入れる風習があって、一面づつ撮影したマイクロだと大変な泣き別れが発生。読めんぞ。紙面データベース、そこを改善しろよっ…という老年の主張を『近代出版研究』三号に発表。別に読まなくてもいいが、データベースは何とかしていただきたい。

堀井健一　1948年、三重県生まれ。1971年春、石原プロモーション入社。1973年冬、浅丘ルリ子さんらとプロデューサープレーヤー設立に参加。1976年秋、フリーランスとなり、製作進行～製作主任～製作担当となり、2000年春転業。代表作に『ミシマ』『ブラック・レイン』『いつかギラギラする日』、TV「夕陽ケ丘の総理大臣」シリーズ、『俺たちの旅　10年目の再会』など。

最上敏信　1948年東京生まれ。私のコラムのタイトル、ゴジラ映画愛好家より苦情が寄せられるかもしれない。ゴメン！　過去に論叢36号、46号、47号、50号と連載を続けてきた。日本映画の正しい題名に強いこだわりがある。戦前の題名に、戦後の新漢字や略字が使われるハズもない！　映画関連売文業者たちは、画数の多い旧字を原稿に正確に書くことが出来ないのかも。

『映画論叢 67号』の予告

新連載・戦後東映のアルチザン　仲沢半次郎カメラマン　梶間俊一
映画検閲戦国時代　警視庁「活動写真取締規則」の成立　藤元直樹
その誕生と死まで　東映第二系統物語　二階堂卓也
A・I・Pの重要性　ロジャー・コーマン追悼　川喜多英一
堀井健一の　〝製作担当者〟人生は、いよいよ佳境に！
●好評連載　浦崎浩實、最上敏信、猪股徳樹、重政隆文、東舎利樹

執筆者紹介（五十音順）

猪股徳樹　1942年生まれ。「二人のジョン　思いは尽きぬ　我が生涯」こんな句と戯れる今日この頃。

内山一樹　1954年生まれ。2月に出版された漫画と場面写真、カラー図版多数の「映画技術入門」の編著者で発行人の高良和秀さんに3月下旬に会いました。間違いがなくはないですが、教えられることも多々ある貴重な本です。

浦崎浩實　1944年、旧日本の台北市生まれ。20代初め頃、観世栄夫さん（能楽師、役者、演出家）を身近にしていた数年が、今では貴重な財産に。

片山陽一　1974年生まれ。新・時蔵さん、ご襲名おめでとうございます！

重政隆文　1952年、大阪生まれ、大阪在住。映画館主義者。シネマート心斎橋で韓国映画『梟　フクロウ』を見た。よくできていた。主演リュ・ジュンヨルの映画は何度も見てきているが、名前がさっと出てこない。私の老いぼれ度が分かる。

杉山譲二　1949年生まれ。70年代、まだまだインテリがバカにしていたロジャー・コーマン作品を、国立フィルムセンターで上映した主幹・鳥羽幸信氏は、真の映画ファンだったなァ。

瀬戸川宗太　1952年生まれ、映画評論家。幼い時（3歳）からテレビで映画を観るようになる。近著に『世界を予言した映画80本』『JFK暗殺60年　機密文書と映像・映画で解く真相』がある。現在「夕刊フジ」に映画評論を執筆中。

ダーティ工藤　1954年生まれ。新作長編映画『懸想』は本誌が出る頃に撮影終了し編集中かと。遅くとも9月頃までに公開予定。内容は高橋伴明＆丘なおみコンビの〝緊縛映画〟のテイスト。第二の丘なおみを見つけたので今年は彼女で、もう1本緊縛映画を撮る予定。

谷川景一郎　1981年、大阪生まれ。竹中労『タレント帝国』が復刻。忖度なきジャーナリストに乾杯。無頼の男が書いた文章に酔いながら『無頼』シリーズについて書く予定。

千葉豹一郎　1956年東京生まれ。作家、評論家。「東京新聞」等の連載の他、著書に「法律社会の歩き方」（丸善）「スクリーンを横切った猫たち」（ワイズ出版）。近年は草創期からの外画ドラマの研究にも力を入れている。

永井啓二郎　1961年生まれ。坂本長利の死亡記事を見るのは、たぶん3度目。今度こそホントなのかな？ロマンポルノのベテラン傍役ってイメージ（桑山正一、高木均とともに）。

◆**編輯後記にかえて**

「アメリカの大学ではユダヤ人学生までもパレスチナ側に立って抗議活動」ってなニュースを見て思い出したのが、中学生の頃みた映画『愛と死のエルサレム』(72)。米のユダヤ人学生が、考古学研究でエルサレムに出掛ける。イスラエル、パレスチナ双方に友人が出来たので、理想主義者の彼は融和政策を提言。でも彼が用意した〝対話の為の会合〟が急襲され双方皆殺し。そのとき当の本人は拘束されていたんで無事でした。めでたし、めでたし…という話で、この能天気なインテリ野郎にムカついた記憶あり。主役はサヨク演らせたら最強のブルース・デイヴィソン（吾国なら富川澈夫か）でありました。

のちに原作を読んだら、もっとヒドかった。主人公は作家志望で、彼の地へ行ったのもネタ拾いが目的。イスラエル兵士と友達になるが、その戦死を知るやスグその恋人と出来上がっちゃう。此奴の親父も親父で、典型的なノンポリ。倅が有名になるためにはカネもコネもドシドシ使っていく姿勢。…しかも作者は、これをブルジョワ家庭への皮肉ではなく、清々しい教養小説の気分で書いてるのだ！

人間社会の軋轢って、左右、東西、南北よりも、結句〝上下〟にこそあるんだなあ。

丹野達弥

映画《えいが》論叢《ろんそう》 66

2024年7月16日初版第１刷発行
定価［本体 1,200 円＋税］

編輯　丹野達弥《たんのたつや》
発行　㈱ 国書刊行会
〒 174-0056 東京都板橋区志村 1-13-15
Tel.03(5970)7421　Fax.03(5970)7427
https://www.kokusho.co.jp
装幀　国書刊行会デザイン室＋小笠原史子（株式会シーフォース）
印刷・製本　㈱エーヴィスシステムズ

ISBN　978-4-336-07674-8　C0374